WIZARD

STRATEGIES FOR PROFITING ON EVERY TRADE
SIMPLE LESSONS FOR MASTERING THE MARKET
BY OLIVER L. VELEZ

罫線売買航海術

スキャルピングからポジショントレードまでの攻略テクニック

オリバー・ベレス、ポール・ラング[著]
関本博英[訳]

Pan Rolling

WIZARD BOOK SERIES
Vol. 139

Strategies for Profiting on Every Trade
Copyright © 2007 by Oliver Velez and Greg Capra
All rights reserved. This translation published under license from Marketplace Booka, Inc.

【免責事項】
この本で示してある方法や技術、指標が利益を生む、あるいは損失につながることはないと仮定してはなりません。過去の結果は必ずしも将来の結果を示すものではありません。この本の実例は、教育的な目的でのみ用いられるものであり、この本に書かれた手法・戦略による売買を勧めるものではありません。

辛抱強い愛する妻のブレンダとかわいい6人の子供たちに本書を捧げる

●目次

まえがき　　　　　　　　　　　　　　　　9

序文　　　　　　　　　　　　　　　　13

　はじめに――その1　　　　　　　　　13
　はじめに――その2　　　　　　　　　15
　はじめに――その3　　　　　　　　　18

第1章　トレードを始めるに当たって　　21

　ウオッチリストの作成　　　　　　　　21
　ウオッチリストの使い方　　　　　　　24
　トレードの時間枠　　　　　　　　　　26
　トレーダーのレベルアップ　　　　　　27

第2章　トレーディングの基礎知識　　33

　マーケットとは何か　　　　　　　　　33
　大勢チャートを見る　　　　　　　　　35
　プロテクティブストップについて　　　39
　寄り付き30分間のトレード　　　　　　43
　ファンダメンタルズ分析とテクニカル分析　45
　ニュースについて　　　　　　　　　　47

ニュースとトレード	51
あなたはまだ投資をしているのか	54
リバーサルタイム	56
200期間移動平均線の威力	58
20期間移動平均線のパワー	65
常に基本に戻る	68

第3章　トレードのマネジメント　　71

トレードをマネジメントする	71
逆行局面の対処法	73
スイングトレードのいろいろな仕掛け法	75
リスク・リワード・レシオ	79
利益目標をめぐる問題点	85
タイムリーな仕掛け	88

第4章　トレードとトレーディングプランにおける心の問題　　93

恐怖心	93
成功のカギはトレーディングプラン	96
規律	98

●目次

トレーダーの資質とは	99
正しいトレードの条件とは	101
トレーダーの4つのレベル段階	103
投資家の不安指数	105
負けトレードを分析する	108

第5章　いろいろなチャートパターン　　113

よく見られる間違い	113
ダブルボトム（またはダブルトップ）	115
支持線と抵抗線	120
最初の押し目	123
トレンドデイ	126
いろいろな時間枠のチャート	129
ズームダウン	134
日足チャートのピボットポイント	137
トレンドに逆らう	139
トレンドはどのように終わるのか	141
日中のトレンド	144
日中のリバーサルポイント	146
トレンドの転換──1	149
トレンドの転換──2	150
ギャップトレード──1	152

ギャップトレード──2　　　　　　　　　　154

第6章　チャート分析　　　　　　　　　157

　　ナスダックのチャート分析　　　　　　　157
　　もうひとつの例　　　　　　　　　　　　161
　　ナスダックのチャート分析（続）──1　163
　　ナスダックのチャート分析（続）──2　166
　　ボラティリティインデックス　　　　　　169
　　様子見のとき　　　　　　　　　　　　　171

第7章　いろいろなトレード　　　　　175

　　レラティブストレングス　　　　　　　　175
　　リバーサルタイムのレラティブストレングス　178
　　リバーサルタイムのダマシのブレイク　　182
　　逆張りトレード　　　　　　　　　　　　185
　　クライマックスリバーサルでのトレード　187
　　ランチタイムでの逆張りトレード　　　　190
　　モーゲージプレー　　　　　　　　　　　192
　　もうひとつのゲリラトレード　　　　　　196
　　ニックネームを持つトレード手法　　　　198
　　もうひとつのギャップトレード　　　　　203

●目次

最後に 207

付録A　プリスティーンの買いセットアップ 211
付録B　用語解説 217

訳者あとがき 223

まえがき

　トレーダーと投資家のために本書を書いた目的のひとつは、「なんだ、そういうことだったのか」と思えるようにトレーディングに対する理解を深めることにある。皆さんが本書を読みながら何度もそう思ってくれることを祈っている。

　トレーディングに関する本を著すのは容易なことではない。われわれがひとつの真実を知る前と知ったあとで、その真実に対する考え方がまったく変わってしまうというのはよくあることである。最初はとても難しく思われたことでも1年もたてば当たり前のことになり、それについてはもう学ぶ必要がなくなる。その真実を乗り越えていっそう高度な真実のレベルに到達したからである。成長するトレーダーとはこのようにして、今の知識レベルから常に進化していく。

　一方、トレーディングというマネーゲームに新しく参加した人にとって、トレーディングに関するすべての知識は自分の考え方とアプローチをレベルアップするための新しい真実であり、そうしたことに言及しないのはけっしてフェアではないだろう。ただし、トレーディングの初心者とベテラントレーダーを除いて、マーケットに参加しているほぼすべてのトレーダーの知識レベルはかなりまちまちである。本書は前著『デイトレード――マーケットで勝ち続けるための発想術』（日経BP社）の姉妹本ではないが、この本を読まれた方は本書でもその一部の内容が重複していることに気づかれるだろう。しかし、前著では主にトレーダーの心理面（トレーディングに伴う感情や心の問題）に焦点を当てたが、本書ではトレーディングそのものに的を絞っている。

　本書のメインテーマは、トレーディングによって生活資金の確保と資産形成という2つの目的をどのように実現するのかということであ

る。この2つの目的を達成するにはまったく違うスキルとアプローチが求められるという意見もあるが、この2つの目的はけっして切り離すべきではなく、そんなことをすればトレーダーの成長そのものが妨げられるだろう。日常生活のあらゆる面でも右手と左手が必要であるように、トレーダーにも生活資金と資産の形成の2つが求められる。つまり、この2つの目的のどちらを優先するのかではなく、その両方を達成しなければならない。本書ではそれを実現する方法が述べられている。

第1章では、トレーダーは毎日・毎週のトレードにどのように臨むべきかについて論じている。どのようにトレードをスタートするのかが、トレーディングというビジネスの成否を大きく決定するからである。明確なトレーディングプランや有望な株式のウオッチリストを持たず、毎日・毎週をただ漫然とトレードしているトレーダーがあまりにも多すぎる。この章はそうしたトレーダーのために書かれたものである。

第2章では、最も重要な寄り付き1時間のトレードに関するいろいろな問題を論じている。オーバーナイトで蓄積された需要と供給が、寄り付き1時間の株式相場を大きく動かすからである。特に最初の30分間についてはかなりの注意が必要であり、この重要な時間帯でどのように利益を上げるのかが問題である。皆さんはトレーダーが絶対に目を離してはならない1日に9回ある「リバーサルタイム」というものをご存じであろうか。これらの時間帯は抜け目のないトレーダーにとっては大きな利益のチャンスである。第2章ではこのほか、株式市場にあふれているいろいろなニュースにどのように対処すべきか、そしてそれらが株式にどのような影響を及ぼすのかなどについても論じている。

第3章では、正しいトレーディングにおける最も重要な2つの問題、すなわちポジションと資金のマネジメントについて検討している。ポ

ジションのマネジメントとは有利なリスク・リワード・レシオ、タイムリーな仕掛けと利益目標の設定などであり、これらの問題について詳述している。トレーディングというマネーゲームの成否の85％は人間の心理によって決定される。市場参加者としてのわれわれトレーダーは、実は株式、オプション、債券、先物、通貨などの金融商品をトレードしているのではない。実際に相手にしているのは、それらをトレードしている人間である。売買決定を下すそれらのトレーダーは、欲望や恐怖心といった感情に支配されている。

第4章では、この2つの感情をどのようにコントロールして利益を上げるのか、そのためにはどのようにトレードすべきなのかについて論じている。

第5章～第7章は最も大切なトレード手法について具体的に説明している。ほぼ毎日出現するいろいろなチャートパターンを分析し、有望でかなり信頼できるそれらのパターンを利益につなげる方法を紹介する。もちろん、そのためのトレード戦略についても詳述するが、それらはウォール街の大手証券会社やアメリカのトップトレーダーたちにこれまで教えてきたものである。

「千里の道も一歩から」という諺もあるように、本書が皆さんのトレーディングという旅を実りあるものにする第一歩となるよう願っている。そのためにはメモを取りながら各章を精読し、「なんだ、そういうことだったのか」という声を何度も発してほしい。私は常々、マーケットで成功するには2～3の信頼できるトレード手法をマスターするだけで十分であると思っている。本書にはそれ以上の内容が盛り込まれているので、どうかそれらをうまく利用して利益を積み上げてほしい。

オリバー・ベレス

「本書の執筆を手伝ってくれないか」というオリバー・ベレスからの要請は、私にとって本当に名誉なことだった。しかし、長年のメンターである彼からこの要請を受けたとき、正直言って何と気の重い仕事を引き受けてしまったのかという思いが強かった。私にとってはそれほど大きなチャレンジであった。本書の内容の多くはこの４年間に、全世界のトレーダーたちに教えてきたものである。それらは一般的な株式入門書には書かれていない強力なトレーディングツールとしての知識であり、この仕事を何とかやり終えることができた今、私はとても大きな達成感を味わっている。

ポール・ラング

序文

はじめに──その１

　まず最初に、「トレーディング」という用語について少しはっきりと定義しておこう。一般にトレーディングはネットでの株式の売買、デイトレード、長期投資などを含めて広く使われているが、われわれは「投資（Investment）」という用語は不動産や債券や金（きん）などへの投資を指すのであって、株式のトレードには使うべきではないと考えている。というのは、「投資」という用語には長期にわたりただ黙って投資商品をバイ・アンド・ホールドするというニュアンスが含まれているからだ。現在の大手企業はそのほとんどがハイテク企業であり、それらの主力商品は日々新しいテクノロジーの攻勢を受けている。一昔前には新しい自動車会社を設立し、ゼネラルモーターズ（GM）に追いつこうとするには何十年もかかったが、今ではガレージで革新的なソフトを開発した企業はたちどころに大手の競合会社を倒産に追い込むことができる。

　現在のパソコン技術のスタートとなったのは1.44メガバイトのハードディスクであるが、それ以降にコンピューター関連機器メーカーのアイオメガ社は、100メガのディスクをひっさげて次々と大手コンピューターメーカーから注文を取り付けた。かつてはこうした企業をバイ・アンド・ホールドすれば大きく儲けられたが、今では同じ情報量をCD１枚に保管できるうえ、しかもはるかに安いコストでできるようになったので、ほかの有望な商品を開発しなければ、アイオメガのような企業でも市場から淘汰されるのは避けられない。このように現在のマーケットでは、たえず変貌していかない企業は生き残ってはいけない。

ここで話をトレーディングに戻すと、皆さんは「デイトレーダー」という言葉をよく耳にされるだろう。しかし、周りを見渡してもそれらしき人は見当たらず、株式投資セミナーなどでもそうしたトレーダーをあまり目にすることはない。それは「デイトレード」という言葉がマスコミなどによってかなり誤解されているからである。われわれが「オンライン投資家」と呼ぶ人々は電話ではなく、パソコンでイートレードやチャールズ・シュワブなどのネット証券会社から売買注文を出す人々である。彼らは主に貯金やIRA（個人退職年金勘定）を株式に投資し、きちんとした投資教育は受けていない。1990年代の大強気相場のときに株式市場に参入したこれらの人々が、間違って「デイトレーダー」と呼ばれているのである。この時期にはどんな株を買っても儲かったものである。

　われわれは自分たちのことを「デイトレーダー」または「トレーダー」だと思っているが、これにはこのようなオンライン投資家は含まれていない。デイトレーダーとは具体的には、①１日のほとんどをマーケットに身を置いている、②数分から数カ月間にわたってポジションをマネジメントする訓練を受けている——人々である。先に株式のトレードに投資という言葉を使うのは不適切だと言ったが、いろいろな時間枠のトレードで最も長期にわたって保有する株式をわれわれは「コアポジション」と呼んでいる。数カ月にわたって保有するそうしたポジションはバイ・アンド・ホールドに似ているが、はっきりした手仕舞いポイントがあるという点ではそうした株式投資とは異なる。一方、２〜５日にわたってポジションを保有するトレードは「スイングトレード」と呼ばれるが、われわれのその手法にはオーバーナイトやその日のうちに手仕舞うトレードのほか、ときに仕掛けてから数分後に仕切る超短期のトレードも含まれる。

　それならば、デイトレーダーは一般にどのように株式をトレードしているのだろうか。１週間に数回のトレード、またはスイングトレー

ドやコアトレードしかしないトレーダーであれば、ひとつのネット証券会社で十分である。瞬時の注文執行は無理だとしても、少し長期にわたるトレードであればそうした証券会社でも何の問題もない。しかし、1日に何回も頻繁にトレードするときは、トレーディングシステムと常時つながっている証券会社が必要である。それらの証券会社とはすべての市場参加者の売買注文が分かるような証券ブローカーであり、インターネットを経由するすべての注文は瞬時に執行されなければならない。

このように、自分がしようとしているトレードにふさわしい証券会社を選ぶべきである。たまにスイングトレードやコアトレードを行うトレーダーであれば、インターネットに接続しているパソコンがあれば何でもよい。しかし、日中に頻繁なトレードをしようとするのであれば、少し高度な環境（強力なトレーディングシステムや瞬時に注文が執行できるシステムなど）が必要である。資金を最も効率的に運用するには、どのような条件が必要であるのかをよく考えるべきだ。そうしたトレードでは必然的にトレーディングシステムと過ごす時間が多くなるので、ある程度の専門的な知識も求められる。

以上のことを理解したとして、それだけでトレードの準備ができたのだろうか。残念なことにそうではない。先に本当のデイトレーダーとはトレードの手法や規律という点できちんとした訓練を受けた人々であるといった趣旨のことを述べたが、以下ではこうしたトレーディングの正規の教育や経験のない人がどのようにトレードすべきなのかについて述べていく。

はじめに──その2

これまではトレードを始めるときに必要とされる基本事項について述べてきた。以下ではさらに突っ込んでトレードの時間枠、トレーダ

ーの自己教育法などについて説明していく。先にトレードの時間枠についてちょっと触れたが、トレードを始めるに当たってはこの問題はかなり重要である。退職金をうまく運用したい、コアトレードで資産を築きたい、デイトレードで生活資金を稼ぎたい――など、こうした人々にとって以下で述べることはとても重要なのでしっかりと頭に入れてほしい。

　このような目的を持っている人々は、株式トレード用に２つの口座を持つことをお勧めする。それらはそれぞれに異なる目的用の口座で、そのひとつはスイングトレードやコアトレードで資産を築くためのものである。スイングトレードとは主に日足チャートに基づく２～５日間のトレード、もう一方のコアトレードとは主に週足をベースとした数週間から数カ月にわたるトレードである。こうした資産形成のためのトレードでもほかのトレードと同じように、明確な仕掛け値や利益目標とともに、ストップロス（損切りポイント）やトレイリングストップなどは置くべきである。これらのトレードとはギャップや大きなうねりなど、マーケットの大きな動きを取ろうというもので、その日のうちにポジションを手仕舞うデイトレードとはまったく異なる。

　次に生活資金用の口座とは、数分から１日にわたるデイトレードや「ゲリラトレード（これはプリスティーン特有の呼び方である）」用のもので、マーケットの１～２日間の素早い動きをとらえようというものである。これらのトレードでは揉み合いや資産形成のトレードでは対象とはならないトレンドのない局面でも利益を上げることを目的としている。このようにそれぞれの目的に応じたトレードの時間枠が決まったら、ようやくトレードに向けた準備が整ったと言えるだろう。トレーディングとは最もチャレンジ的な試みのひとつであるが、残念なことに実際のトレードを始めるに当たって十分な時間をかけて勉強に励む人はあまりいない。トレーダー教育の必要性を理解していない人々が実際のトレードで成功できないのは当然であろう。

正規の教育を受けないで医者や弁護士になれると考える人はいないだろうが、トレーディングの初心者は簡単にトレーディングを職業にできると考えている。最も成功したトップトレーダーでさえ、かなり苦しい時期を過ごしたことがあるというのに。特に相場の世界に足を踏み入れる前にある分野で大きく成功してきた人々は、この世界でも成功できると自信過剰になりがちであるが、これはかなり危険なことである。トレードでミスを犯したらそれを素直に認めて、素早くその対応策を実行すべきだ。ほかのビジネスで成功してきた人々は完全主義者が多いが、そうした気質はトレーディングにとってはマイナスである。成功するトレーダーは完璧さにはこだわらず、利益を上げることだけを考えている。

　あなたは今月・今週・今日のマーケット、または１日のいろいろな時間帯で実行しようという具体的なトレード戦略を持っているだろうか。さらにマーケットメーカー（株式の値付けをする証券会社）への対抗策、リバーサルタイムでのトレード法などをご存じであろうか。マーケットとは無知の者からお金を搾り取ろうとする場所であり、トレーディングとは少数の者が多数の者からお金を奪い取るマネーゲームである。あなたはそのどちらの側に属するのか。

　トレードを実行するに当たっては、このビジネスに関するプランを作成しなければならない。具体的には実行しようというトレード戦略とその時期、マネーマネジメントのルール、スキャルピング（小さな利ザヤを稼ぐトレード）やコアトレードに充当できるリスク資金の範囲、１日の最大許容損失額などを決め、これらを含めたトレーディング全体のコンセプトを理解しておくべきだ。これはトレーディングで成功するための必要条件である。

　トレーダーの資金規模と学習に充当できる時間はそれぞれ異なっており、またレベルアップの方法もさまざまである。フルタイムのビジネスのかたわら、退職積立金をコアトレードで運用したいと思う人が

いるかと思えば、専業のトレーダーになりたい人もいるだろう。しかし、トレーダー教育を受ける前にトレードで多くの資金を失ってしまう人も少なくないので、少なくとも本書の読者であるあなたはそうはならないでほしい。トレーダー教育に当てる時間とお金は人それぞれによって違う。教育資金に当てるよりも多くのお金を1週間のトレードで失う人もおり、そうした人は「株式投資セミナーに参加するお金をトレードで稼ごうと思った」などと言っているが、それでは順序がまったく逆である。

はじめに──その3

　以上のことを理解すれば、これでトレードに向けた学習はすべて終わったと思われるかもしれないが、その前にもう少しだけ最後の準備をする必要がある。具体的には、①つもり売買をやってみる、②トレーディングソフトの操作に慣れる、③気に入った銘柄を選び、そのトレーディングプランを作成する、④トレードの仕掛けと手仕舞い法を学ぶ──などである。それでも最初は失敗する確率が高いと思うので、これまでに学習したことをうまく実行できるように徐々に慣れていくことである。つもり売買はいくらやっても損失が出ることはないので、うまくトレードできるようになるまで何回でも繰り返すべきだ。つもり売買が上達してきたら、レベルアップに向けたいくつかの基準（何回トレードすれば損失が出なくなるか──など）を設け、これもクリアできるようになれば、少額の資金（50ドルほど）で実際にトレードを始めてみる。すると実際のトレードに伴うプレッシャーから、事前のトレーディングプランを実行するのがいかに難しいかが身をもって分かるだろう。最初は損益をあまり気にしないで（売買手数料などを差し引くと実際の利益はほとんど出ないだろう）、リスク資金を徐々に増やしながら、自分で決めたトレーディングルールを実行すること

だけを考える。

　実際にトレードしてみると、わずかな損失でも心にズシンと来るのが分かると思う。それを取り戻そうとポジションサイズを大きくしたくなるのが初心者であるが、今のレベルでうまくトレードできるようになるまでポジションサイズを大きくしてはならない。大きなポジションでトレードするのはかなり難しいからである。こうしたプロセスのなかでトレーディングプランを練り、①自分が目指すトレード手法とその時間帯、②勝ち・負けトレード日のマネーマネジメントのルール、③自分の器に合ったポジションサイズ、④トレードの記録、⑤マーケットの分析法、⑥持続的な自己教育法──などをはっきりと決めていく。

　とりわけ、すべてのトレードのフォローアップとその分析を怠ってはならない。ほとんどのトレーダーはすべての時間の90％をトレード、10％をその準備に充当し、そのフォローアップにはまったく時間を割かないが、これは大きな間違いである。もっと多くの時間をトレードのフォローアップに充てるべきだ。トレードの時間とは何も寄り付きから大引けまでの時間を言うのではなく、1日の最初と最後の1時間だけをトレードに当て、残りの時間をそれらの分析、翌日のトレードの準備に当ててもよい。さらに自分がトレードしたチャートの分析とその評価、ミスを犯した原因追究などにももっと時間を当てるべきである。優れたトレーダーは悪いトレードの損失が良いトレードをするための授業料であることをよく知っている。

　また、良いトレードとは、マーケットはいつも正しく、自分ができることは確率に基づいてトレードするだけだということを理解することである。そうしたことが理解できれば、トレードを素直な目で見ることができるようになり、最高のトレードが損切りに引っかかることもあることが分かるようになる。

第1章 トレードを始めるに当たって

Lessons on Getting Ready

ウオッチリストの作成

　トレーディングのスタイルは多岐にわたり、トレーダーはそれぞれ異なるスタンスでマーケットに臨んでいる。スキャルパー（小さな利ザヤを稼ぐトレーダー）を除く多くのトレーダーは自分なりのウオッチリストを作成し、翌日のトレードに備えている。数日間にわたってポジションを保有するスイングトレーダーはその日のマーケットが引けたあとに日足チャート、またコアトレーダーは日足と週足チャートを見ている。デイトレーダーはイントラデイ（日中）のいろいろな時間枠のチャートで最高のものを探しているが、こうしたデイトレーダーでさえも買い（または売り）候補銘柄のウオッチリストは作成している。こうした注目銘柄は上昇トレンド、下降トレンド、揉み合いごとに分類してリストアップしておく。

　ほぼ毎日トレードする好みの株式リストには最低でも4～5銘柄、多いときは30～40銘柄を挙げておく。もっとも、大切なことはそうした銘柄数ではなく、そのトレーダーがどれほどその銘柄を熟知しているかである。それらは出来高が多く、あまりスリッページ（発注価格と実際の約定価格の差額）がなくスムーズに売買できる株式であろうが、あまり銘柄を絞りすぎると「モーゲージプレー（Mortgage

Play)」(巻末の「**付録B　用語解説**」を参照)やギャップトレードができなくなるという欠点もある。

　自分で注目銘柄を特定する代わりに、例えばプリスティーンのチャットルームやリアルタイムのスクリーニングツールである「プリスティーンESP」を利用するという手もある。こうした方法をうまく活用すると、自分のトレーディングルールに合致した銘柄を簡単に見つけることができる。この種のスクリーニングツールは数多く存在するので、日足や週足による候補銘柄、アラートによるリアルタイムのデイトレード銘柄なども簡単に選択できるだろう(プリスティーンESPだけを使っても、いろいろな足の候補銘柄は十分に得られると思う)。**図1.1**は日足チャートによるスイングトレーダー向けの候補銘柄を表示したプリスティーンESPの画面の一例である。

　このほか、自分の見つけたいチャートパターン別に銘柄をリストアップしたウオッチリストを作成するという方法もある。つまり、翌日に予定しているトレード戦略に見合ったチャートパターンの株式をひとつずつ絞っていくものである(これについてはあとで詳しく説明する)。しかし、翌日にトレードしようという候補銘柄のリストを作るとき、一晩で約9000銘柄をスクリーニングするのは不可能であるため、われわれが「株式ユニバース(Universe of Stocks)」と呼ぶものを作ることである。その作り方には次の2つの方法がある。そのひとつは自分がフォローしている株価指数をベースにするもので、ハイテク銘柄が好きなトレーダーはナスダック100指数や半導体セクター指数などの構成銘柄をスクリーニングする(この2つの指数の構成銘柄は重複しているものが多いので、実際の銘柄数はかなり少なくなるはずだ)。それにダウ工業株30種などを参考にすれば、100〜500銘柄の株式ユニバースが作成できるだろう。

　もうひとつの方法はすべての上場銘柄を対象に、スクリーニングソフトを使って自分で決めた条件に合致した候補銘柄を絞っていくもの

第1章 トレードを始めるに当たって

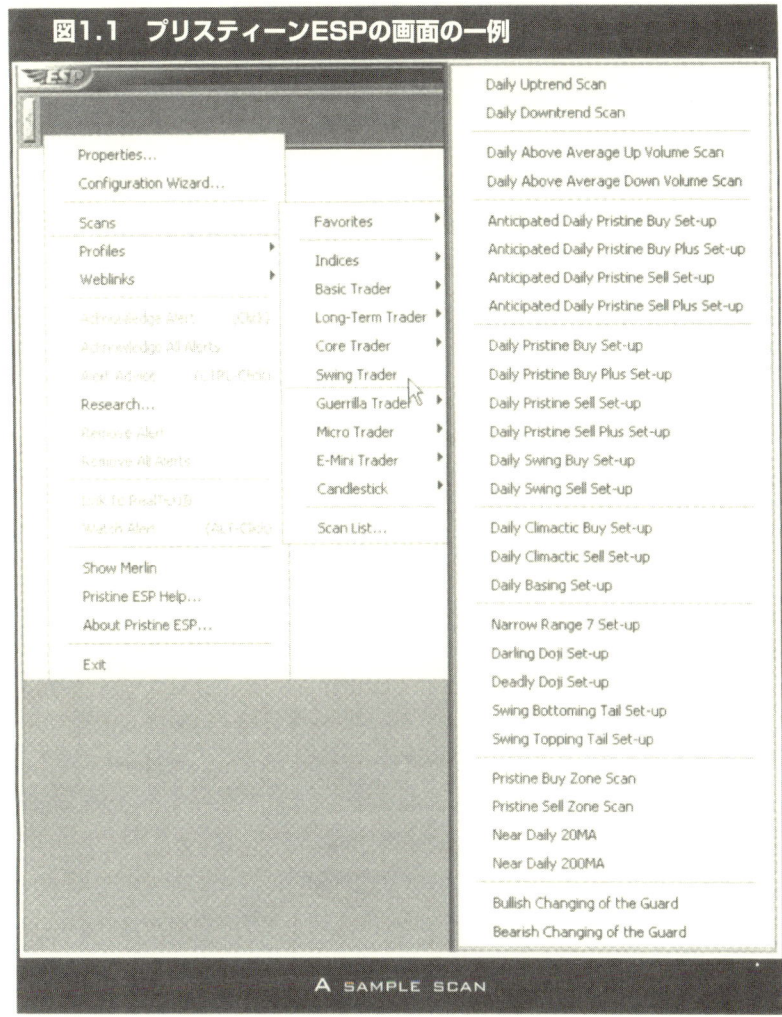

図1.1 プリスティーンESPの画面の一例

である。例えば、1日の出来高が100万株以上、株価が4ドル以上という2つの条件を満たす株式は全体では400～600、ナスダック銘柄では200～300が簡単に特定できる。もっとも、この方法には毎日違う銘

柄がスクリーニングされるという欠点がある。その日に出来高の基準を満たしても、翌日になればそれらの条件を満たさない銘柄も数多くあるからだ。スクリーニングソフトが自動的に候補銘柄を選別しても、自分がまったく知らない株式では実際にトレードすることはできない。

　いずれにせよ、こうして株式ユニバースが出来上がれば、あとは自分のトレーディングルールに見合った候補銘柄を絞り込んでいくのはそれほど難しいことではない。作業が手慣れてくると、1銘柄につきわずか数秒でスクリーニングすることができるだろう。例えば、スイングトレーダーであれば週末にウオッチリストから上昇トレンドや下降トレンドにある銘柄をリストアップする。上昇トレンド中の株式とは高値と安値が切り上がり、20日と40日の移動平均線がともに上向きの銘柄である。なかでも両方の移動平均線が一定の距離を保ってスムーズに上昇曲線を描いている銘柄が最高である（下降トレンドの銘柄はこの逆）。こうした銘柄に注目し、3〜5日間にわたって高値を切り下げて押したところを狙っていく。そのあとに「強気の20/20バー（Bullish 20/20 Bar＝上下のヒゲの長さが値幅の20％以下の長大陽線）」が出現すれば最高の仕掛け場となる（下降トレンドの銘柄では3〜5日にわたって安値を切り上げて戻したところを狙う）。以上、トレード候補銘柄のウオッチリストの作成法について述べてきたので、次はその使い方について説明する。

ウオッチリストの使い方

　トレーディングの初心者はウオッチリストの使い方がよく分からないと思うので、以下ではこれについて説明していこう。例えば、自分の好きなチャートパターンに合致した候補銘柄のウオッチリストを作ったら、次はそれに基づいていつ仕掛けるのかが問題である。「プリスティーンの買いセットアップ（Pristine Buy Set-up＝PBS）」（巻末

の**付録A**を参照）では、日足チャートで前日の高値を抜いたときがその条件のひとつとなっており、この条件を満たすのは上昇トレンドにあって３～５日間の押し目を形成したときである。

　それならば、なぜ寄り付きや値段の安い水準ではなく、前日の高値を抜いたところがPBSとなるのか。その理由は、ある株式が過去５日間にわたって下げ続けているとすれば、前日の高値以上でトレードされることはないはずだ。それは売り物が絶えないからであり、そうした売り物が尽きないかぎりさらに続落する可能性がある。しかし、株価が前日の高値を上抜いたというのはそれまでの下降トレンドに変化する力が備わった可能性があるということであり、それゆえに買い条件のひとつとなる。ただし、これだけでは買いのトリガー（引き金）とはならず、実際に買い出動するにはその他の条件もクリアしなければならない。一般には抵抗線を上抜いたときが買いの好機となる。これは非常に論理的であり、トレードするときはいつもこのようなことを念頭に置いておくべきである。

　PBSの条件は全部で10近くあるが、こうした抵抗線のブレイクはそのひとつにすぎない。これについては魚釣りの条件を考えると分かりやすいだろう。素晴らしいルアー（擬似餌）を見つけたあなたは子供を連れて魚釣りに出かけようとしている。しかし、実際に多くの魚を釣り上げるにはこうしたルアーのほかに、その日の天候や温度、潮の干満、朝晩の違いなども考慮しなければならない。トレーディングもこれとまったく同じである。優れたトレード戦略とは有利なセットアップはもとより、それ以外の条件もクリアする必要がある。例えば、株価指数先物のトレンドと一致しているか、上方にギャップを空けて寄り付いたのか、そのリワードはリスクに見合っているか、短期トレンドは長期トレンドと同じ方向か。実際に仕掛けるにはそれまでの経験に照らして、こうしたマーケットのいろいろな要因も十分に考慮しなければならない。

トレードの時間枠

　トレードの時間枠という問題にはテクニカルと心理的な問題の２つが含まれるが、ここではテクニカルな問題に焦点を当ててみよう。トレーダーの多くは５分足チャートでは売り、15分足では買い、日足では売り、週足では買いのシグナルが出ているとしたら頭が混乱するだろう。そうしたときはこれらの時間枠のチャートを適切に調整して、最高の仕掛けのタイミングを計る必要がある。ここで先に言及した２つの目的の口座について少し復習してみよう。そのひとつは生活資金用の口座で、毎日のデイトレードやゲリラトレードで得られた収入を預けておくものである。こうしたトレードではその日のうち、またはオーバーナイトのポジションも直ちに手仕舞ってしまう。もうひとつは資産形成用の口座で、３～５日にわたるスイングトレードや数週間から数カ月にわたるコアトレードによる大きな利益を保管しておくものである。このほか、退職年金や子供の教育資金を積み立てておく長期口座を持っている人もいるだろう。

　私は広く使われている「投資」という言葉は、もはやそれほど大きな意味はなくなったと思っている。株式を購入したらただ黙って保有するだけというこれまでの投資には、手仕舞いというものがない。終わり（手仕舞い）のない始まり（投資）というものがはたして存在するのだろうか。

　それぞれ違う目的を持つこの２つの口座は別々にしておくべきだ。デイトレード用の口座をスイングトレード用に使ってはならず、また利益を大きく伸ばすにはしょっちゅうポジションをいじくってはならない。これらの口座を正しく使うには、デイトレードやゲリラトレードはイントラデイ（日中）をベースに、また株式セクターを対象とするスイングトレードも比較的短期のトレードであるが、主に週足に基づくコアトレードでは長期の時間枠に基づいてポジションを保有すべ

きである。このようにマーケットの時間枠に応じたトレードをうまく使い分けるときは、それに応じた口座も適切に使い分ける必要がある。

　例えば、長期のコアトレードをしているときにマーケットが突然反転したように見えたとしても、急いでそのポジションを手仕舞う必要はない。私がコアトレードをするときは、週足チャートを見て支持線まで下げたハイテク株だけを買っていく。大切なことは勝率の高い仕掛けを心掛けることである。具体的には長期の低迷相場から徐々に強気の兆しが見えてきたら今週はデル、来週はヤフーといったようにゆっくりとコアポジションを作っていく。私は通常では12銘柄から成るコアポジションを組成するが、そのときの状況に応じて銘柄数を変更してもよい。年齢や投資資金など、トレーダーひとり一人の条件がまったく違うからである。

　以上のことをまとめると次のようになるだろう。例えば、今週になって相場が強い動きになったとしても、いきなりデイトレードの買いポジションを大引けまで保有する必要はない。これまでのトレーディングルールを急に変更すれば、これまで蓄積してきた利益の多くを吐き出してしまうだろう。どのような相場局面でも日々の生活資金を稼ぐというデイトレードでは小さな利益で満足しなければならない。しかし、資産を形成するためのスイングトレードやコアトレードでは、もっと長期の時間枠に基づいて大きな利益を狙っていく。このように目的別の口座とトレードをうまく使い分けることが、メリハリのあるトレーディングのポイントであるが、いずれの場合でも適切なストップ（損切り）と利益目標を置くことを忘れてはならない。

トレーダーのレベルアップ

　トレーディングの初心者にとって最も難しいことのひとつは、はたして自分がどれほどレベルアップしているのかを知ることであろう。

多くのトレーダーは自分ではかなりレベルアップしたと思っているが、口座の金額は少しも増えていないというのが実情であろう。以下では自分のレベルをどのようにして知るのかについて少し述べてみよう。

　まず最初は、これまではそれなりにうまくいっていたが、その後のトレードで利益のほとんどを吐き出すようなケースである。そうしたトレーダーが焦ってそれまでの利益を取り戻そうとすると、かえって損失が膨らんでしまうものである。そこでポジションサイズを大きくしてホームランを狙おうものなら、その結果はホームランどころか、資金のほとんどが尽きてしまうのがオチである。おそらくあなたはこれよりは少し上のレベルにあるだろう。すなわち、何回かの株式投資セミナーに参加し、自分のトレーディングルールも持っている。トレード戦略も立て、スクリーンで相場の動きを見ていると次第に興奮してくる。それは他人の書いた本のシーンではなく、目の前で展開している生の現実であるからだ。しかし、そこにはひとつだけ大きな問題がある。それは、実際にはタイムリーにトリガーを引けないことである。仕掛けが少し遅すぎたり、追っかけトレードをして損失を出してしまう。または、株式を購入したあとにそわそわしてちっとも落ち着かない。ときに勝ち銘柄をゲットしても早々と手仕舞って、あとで取り逃がした大きな利益を悔しがる。こうした人々はどのようにしてこの問題を克服すべきなのか。

　一方、これとはまったく違うトレーダーもいる。運よく勝ち銘柄を保有し、間一髪で負け銘柄を避けることができた。そして口座の利益も徐々に増えてきた。しかし、その後の１回の負けトレードでまた元のもくあみになってしまう。もう二度とこんなミスはしないぞと自分に誓うが、今度は別のミスで損失を出してしまった。それでも次第に失敗は少なくなり、少しずつ上達しているが、まだ成功しているトレーダーとは言い難い状態である。このほか、これまで学んできたトレーディングルールを順守しながら、冷静な気持ちでトレードをエンジ

ョイしている人もいる。すでにある程度の経験も積み、トレードの技術も上達している。例えば、ほとんどのテクニカルアナリストがこの支持線ではポジションを保有すべきだと言っていたが、相場勘で早めにポジションを手仕舞ったところ、結果的には大正解だった。こうしたトレーダーはポジションの含み損もうまく処理できるだろう。

　こうしたレベルのトレーダーとなるには、どれくらいの時間が必要であろうか。私自身の経験に照らせば、冷静にトレードできるようになったのはフルタイムでトレードを始めてから9～11カ月がたったころである（もちろん、人によってその期間はまちまちであろう）。それならば、このレベルに到達するには何をどうすればよいのか。おそらくあなたはすでに第一段階はクリアされているだろう。すなわち、トレーディングの基本や規律についてはそれなりの訓練は受けているが、何らかのサポートやアドバイスがないと利益を上げることはできない。もしもあなたが第二段階のレベルにあっても、もう少しやるべきことはある。株式トレードセミナーなどでトレードの基礎をもう一度復習し、オンライン・トレーディングルームにアクセスする。そこで行われているトレードを参考にしながらつもり売買を繰り返したあと、少額の資金（最初は50ドルほど）で実際にトレードを始めてみよう。それから徐々にリスク資金を100ドル、150ドル、250ドルと増やしていく。

　トレードで少し自信がついてきたらトレーディングプランを作成し、それに合致した銘柄をトレードしてみよう。そのときは事前に決めた値段で売買し、必ずストップを置く。自分を信頼し、トレード記録を付けながら自分が実行したすべてのトレードをフォローする。ミスをしないように心掛け、トレードに関するすべてのデータを参考にしながら、自分で作成したトレーディングプランを実行していこう。例えば、負け銘柄をトレードして損失になったときでも、それはけっして不運によるものではないと考えるべきだ。比較的冷静なときに有望な

銘柄と判断して仕掛けたとしても、必ずしも良い結果になるとは限らない。その反対に、マーケットが大きく動いているときに慌ただしく仕掛けた銘柄が、結果的に大きな利益をもたらすこともある。

　トレードのリスクはできるだけ小さくしなければならないが、その逆のことをしているトレーダーもいる。トレードにリスクは付き物であり、どんなに努力してもけっして避けることのできないリスクもある。ある有名な起業家はかつてこのように語っていた。「地面からわずか1フィート（約30センチ）のところに張ったロープの綱渡り芸にお金を払う人はいないだろう。そこにはリスクがない。リスクをとらなければその見返りもない」

　もしもあなたが少しレベルアップし、多少の利益を上げられるようになったとしても、資金を増やしていくにはまだいくつかの問題をクリアしなければならない。これについては次の野球の話が参考になるだろう。例えば、すべてのシーズンで3割3分3厘の打率を維持するバッターは最高報酬のアスリートとして、将来、野球殿堂入りするだろうが、2割5分のバッターは優れたピッチャーや守備選手でないかぎり、まもなくマイナーリーグに降格するだろう。3割3分3厘と2割5分の打率というのは3回に1回のヒット率と4回に1回のヒット率というわずかな違いのように見えるが、両選手が12回打席に立てば、スーパースターはマイナーリーグ選手よりも1本以上多くヒットを打っているということである。しかし、これを逆に言うとトレーディングにおいてもどんなにレベルアップしても、何回かの損失は避けられないということである。したがって、トレーディングというマネーゲームでは常に向上心を忘れずに、トレーディングのルールとプランを忠実に長期間にわたって実行していかなければならない。

　株式トレードセミナーでどれほど高度なことを学んでも、それはまだ自分の血肉になっていない知識にすぎない。そうした知識を実行できるスキルとして自分のものにするには、努力と経験、規律といった

ものが必要である。トレーダーの多くはこのことがよく分かっていない。たとえ理解しているトレーダーでもそれを自分のものにしようと努力する人は少なく、ましてやトレードにおける規律の大切さが分かっている人はさらに少数派である。

　1990年代後半に株式投資で大儲けした人々は今は存在していない。彼らの多くはトレーディングという難しい仕事を単に強気相場に乗ることだと勘違いしていた。下がった株価も時間がたてばやがては元に戻るだろうと考えていた。だから多くの投資家は今もって空売りの方法も知らないのである。それ以降、アメリカの株式は大きな下落と上昇、揉み合いの局面を何度も経験した。こうした相場で利益を上げることができたのは、十分なトレーダー教育と訓練を受けた人々だけだった。今では真剣に学ぼうとする人々はあらゆるツールとテクニックが入手できるので、マーケットという戦場から戦利品を引き出せるチャンスはますます多くなっている。

第2章 トレーディングの基礎知識
Lessons on Some Basics

マーケットとは何か

　トレーディングの世界ではS&P500、株価指数先物、ダウ平均、ミニS&P500、HOLDRs、現物市場などの言葉をよく聞くが、初心者はこうした言葉を聞くと頭が混乱するだろう。それならば、マーケットとはどのようなもので、これらの言葉は何を意味するのか。一般に「マーケット」と言うとき、それは株式市場全体を指している。ほとんどの株式はニューヨーク証券取引所（NYSE）、ナスダック（全米証券業協会＝NASDが運営する店頭株市場）、アメリカン証券取引所（AMEX）の三大取引所で売買されている。上場銘柄数はその都度変化しているが、現在ではナスダックに約3300銘柄、NYSEに約2700銘柄、AMEXに約800銘柄が上場されている。しかし、アメリカの主要株式で構成される株価指数（S&P500、ナスダック100指数、ダウ工業株30種平均など）でマーケットを表すのが普通である。

　S&P500はアメリカを代表する大手企業500社で構成され、株価全体の80％以上を反映している。ナスダック100は金融機関を除く時価総額上位100銘柄で構成され、コンピューターハード・ソフト、通信、小売り・卸売り、バイオテックなどの主要企業の株価を反映している。ダウ平均はダウ・ジョーンズ社が算出しているアメリカの代表的な株

価指数で、連続性を維持するために企業買収やコア事業の大きな変化がないかぎり、銘柄の入れ替えはほとんどない（インテルなどはこれら3つの株価指数のすべてに含まれている）。

このほか、株式と同じように取引されるものにHOLDRs（Holding Company Depositary Receipts）やETF（Exchange Traded Funds）などがある。HOLDRsとは特定産業やセクターの普通株やADR（米預託証券）の所有権を売買するファンドの一種で、現在ではメリルリンチが独占的に発行している。代表的なものにバイオテック企業HOLDRs、インターネット企業HOLDRsなどがある。ETFとは株価指数連動型上場投資信託で、普通の株式のように取引される。現在では120以上のETFが提供されており、代表的なものはQQQQ（ナスダック100指数に連動したETF。2005年6月以前はQQQ）、SPY（SPDRs＝S&P500に連動したETF）、DIA（DIAMONDS＝ダウ平均に連動したETF）などがある。

一方、トウモロコシやポークベリーなどの商品先物のほかに株価指数先物もある。先物とは将来の決められた日に受け渡しまたは決済することを条件に商品や金融商品を売買する契約で、ナスダック100、S&P500、ダウ平均などの株価指数先物がある。このほか、取引単位を小さくしたミニサイズの株価指数先物もあり、それらはミニナスダック100先物、ミニS&P500先物、ミニダウ平均先物である。

このようにS&P500ひとつ取っても、キャッシュ指数、ETF（SPY）、S&P500先物、ミニS&P500先物などがある。それではこれらの派生商品の値動きに大きな違いはあるのだろうか。結論から言えば、これらはすべて大引けには大元のS&P500に収斂するが、日中の動きは個別の材料を反映して多少異なっている（図2.1はこの4つの日足を示したものである）。われわれが一般に「マーケット」と言うとき、それはこれらの株価指数のいずれか、またはすべての株式を含めた全体的な動きを指している（しかし、実際にはナスダックとS&P500はか

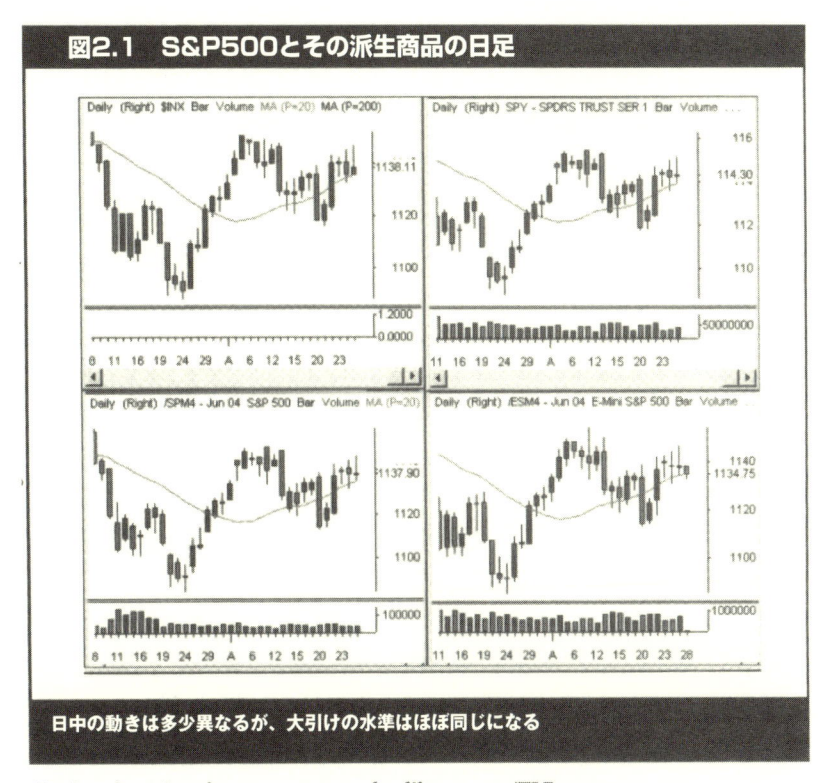

図2.1　S&P500とその派生商品の日足

日中の動きは多少異なるが、大引けの水準はほぼ同じになる

To view charts in color go to: www.traderslibrary.com/TLEcorner

なり異なる動きをしている)。以上の説明でマーケットという言葉とそれが意味するものを理解されたと思う。

大勢チャートを見る

　株価の長期的な動きを正確に予測できる人はだれもいない。時間枠が長くなればなるほどそうであり、明日の株価でさえも予想するのは難しい。株価はしばしば一定のパターンを繰り返すが、それでも企業の決算見通しや格付けの変化などに関する予想外のニュースも伝えら

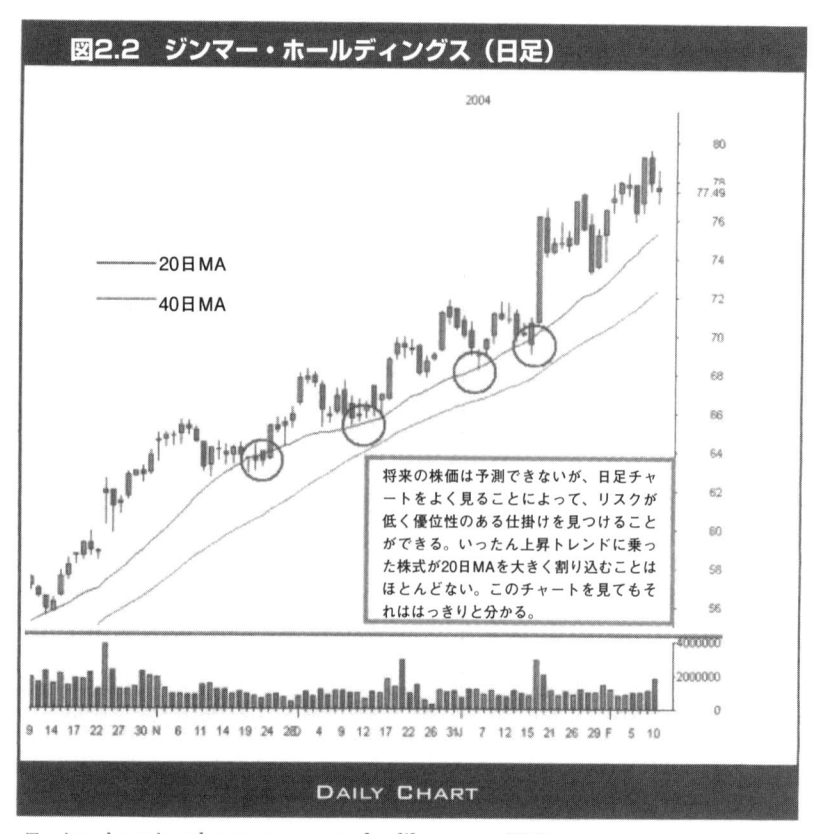

図2.2　ジンマー・ホールディングス（日足）

将来の株価は予測できないが、日足チャートをよく見ることによって、リスクが低く優位性のある仕掛けを見つけることができる。いったん上昇トレンドに乗った株式が20日MAを大きく割り込むことはほとんどない。このチャートを見てもそれははっきりと分かる。

To view charts in color go to: **www.traderslibrary.com/TLEcorner**

れるので、株価の先行きを予想するのはかなりリスキーである。例えば、ある株式が将来的にも上昇すると思っても、その企業ではこの1年半に大きな減益になっていたというケースもよくある。以前の株価水準に上昇するまでに40年かかるかもしれないし、この20年間の日本株の動きを見ても確実なものは何もない。

　それならば、なぜわれわれは株価のパターンを研究するのだろうか。不確実なこの相場の世界にあってそうした研究にはどのような意味があるのか。その答えはマーケット全体や個別銘柄の将来の方向を分析・予測することには、次のような有効性があるということである。

まず第一に、たとえ3～5日という短期間の株価予測でも難しいとしても、ある種の株価のパターンを知っていれば、それだけトレードのリスクを小さくすることができる。例えば、上昇トレンドにあるマーケットや個別株が数日にわたって支持線付近まで押し目を形成したあと、始値よりも高く引けたとする。このようなパターンが何回も出現すれば、この水準はかなり信頼できる支持線ではないかと予想できる。ここからその安値水準にストップを置き、前の高値水準を利益目標とするトレード戦略が立てられる。**図2.2**はこうしたパターンを繰り返す整形移植関連製品メーカーのジンマー・ホールディングスの日足チャートである。

　トレーダーはよく短い時間枠の株価の動きに惑わされて、大きな流れを見失ってしまう。例えば、日足チャートで見るときれいな上昇トレンドにあるのに、すでにその有望株を手仕舞ってしまったというケースもよく見られる。その理由は日足でトレードしていることを忘れ、日中の動きに過剰に反応してしまったためである。このように日足の時間枠で見ると手仕舞う理由はまったくないのに、いわゆる目先のふるい落としに引っかかってしまったのである。日足の動きだけを見ていれば、こうした日中の値動きにだまされることはないだろう。

　一方、現在の株価がどの段階にあるのかを正確に知っておくことも大切である（**図2.3**のCITグループの日足チャートを参照）。長い時間枠のチャートを見ると、株価がどの段階にあるのかによって異なるトレード戦略が求められるのが分かる。例えば、力強い上昇トレンドにある株式が揉み合いを上抜いて一段高になるのはけっして珍しいことではなく、こうした動きは強い相場でよく見られる典型的な上昇パターンである。しかし、株価がそれまでの上昇モメンタムを失って揉み合いに入ったときに、トレーダーがそのことに気づかず、従来のブレイクアウト手法を繰り返していれば大きな損失に見舞われるだろう。揉み合いから勢いよく上放れるところを買ってきたトレード手法があ

図2.3　CITグループ（日足）

凡例：20日MA、40日MA

上昇トレンドの第二段階

大勢トレンドを見よう。より長い時間枠のチャート（この場合は日足チャート）を見ると、株価が上昇する移動平均線まで押したところを買い、新高値を付けたところで売れば利益になるのが分かるだろう。

DAILY CHART

To view charts in color go to: **www.traderslibrary.com/TLEcorner**

まりにもうまくいっていたので、そうした従来の手法にとらわれすぎて現実の変化が見えなくなってしまった結果である。そうしたトレーダーは従来のブレイクアウト手法がもはや通用しないことに気づかず、状況が変化した今でも最も優れたトレード手法であると思い込んでいる。われわれの多くもこうしたことをしていないだろうか。

　こうした間違いを避けるにはどうすればよいのだろうか。まず最初に自分のトレード手法がどのようなものであるのかをよく理解し、それが今の局面に最も適しているのかどうかを絶えず自問することである。次にメジャートレンドに目を向け、その変化に応じてそれにふさわしいトレード戦略を考えることである。トレーダーが常にトレード

の損益結果と戦略をフォローしていれば、マーケットが変化して違う戦略を使用したほうがいいことに気づくだろう。私は買いから売りへというようなことを言っているのではない。今まで買いで採用していた戦略のままなのか、もっと攻撃的な仕掛けの位置があるのではないかということである。それは、具体的には新高値なのか、40％押したところなのか、または今の局面ではトレードを控えたほうがよいのかなどだ。

　それならば、トレーディングの初心者はどのようにして今のマーケットのトレンドを知ればよいのか。私の経験によれば、移動平均線が最も分かりやすい指標になると思う。すなわち、20日と40日移動平均線が上向きなのか下向きなのか、株価は200日移動平均線の上にあるのか下にあるのか、20日移動平均線は40日移動平均線の上にあるのか──などを見る。さらに現在は高値と安値を切り上げている展開か、それとも横ばいの揉み合いなのか、長大線は陽線なのか陰線なのか、それらは今のトレンドの方向に沿ったものか、それとも逆行しているのか──なども見る。

　トレーダーのなかにはトップトレーダーになったつもりで、大胆にマーケットの将来を予測する人もいる。しかし、私に言わせるとマーケットの動きを注意深くフォローしながら、自分のトレーディングプランを順守し、実証済みのトレード手法を着実に実行していくのが賢明である。そして既述したように、日々の生活資金用の口座をベースとするデイトレードやゲリラトレード、資産形成用の口座の残高を増やすためのスイングトレードやコアトレードをうまく使い分けて、コンスタントに利益を積み上げていくことが大切である。

プロテクティブストップについて

　あなたはプロテクティブストップについて読んだり聞いたりしたこ

とがあるだろうが、その正しい使い方がまだ分からない人のために、以下ではプロテクティブストップとはどのようなもので、どのように使うのかについて説明していこう。いろいろな調査結果によれば、多くのトレーダーの現実とは、①正しい訓練を受けていないトレーダーの多くは長期的には利益になっていない、②その原因はストップ（損切り）を置いていないからではない、③彼らはプロテクティブストップを置く位置がよく分からない――という。ストップに関する選択肢は実行するかしないかの２つだけであり、それゆえにその正しい使い方を知らなければならない。

　ストップ（損切り）とはトレードの損失を一定限度に抑えるためのもので、その位置はチャートを見て決めることである。ストップは緩めか、きつめのどちらにも置くことができるが、その前に１回のトレードの許容損失額を事前に決めておくべきだ。そしていったん置いたストップの位置はあまり頻繁に変更しないほうがよいが、それはトレーディングルールの順守が乱れるからである。もしもそのトレードがトレーディングプランに合わないときは仕掛けないほうがよい。以上のことがプロテクティブストップを正しく実行するための第一歩となる。

　トレーダーのジェーンはこれまで、午後の長い揉み合いから上放れするときに仕掛けるブレイクアウト手法を実行し、ストップはその揉み合いの安値に置いてきた。この日の株価は高く寄り付いたあとに揉み合いまで押し、その後この支持線を下抜いてしまった。株価はさらに下げたが、彼女は持ち株を売らず、株価は次第に下げ渋ってきた。一瞬彼女はこの日の安値水準で持ち株を手放そうと思ったが、思いとどまってそのまま保有した。株価はそれから反発し、支持線を上回る水準まで大きく上昇したので、結局彼女は大きな利益を手にすることができた。

　私は前著『デイトレード』のなかで、ジェーンのこのようなやり方

を「間違った方法で勝った」と述べた。ジェーンは正しい位置にストップを置かないで何回も損失を出したが、この1回の勝ちトレードの味が忘れられなかった。私は「プリスティーンメソッド（Pristine Method）」のトレーディングルームでは、自らのトレードをフォローし、チャートをきちんと見ることによって間違いの原因を追究しなさいと口を酸っぱくして指導しているが、それは正しい位置にストップを置かないと損失が大きく膨らんでいくからである。ジェーンはあの1回の勝ちトレードの味が忘れられず、そのために正しいストップの使い方が今でも分からない。

　次はトレーダーのジョンのケースを紹介するが、彼の話に思い当たるふしがある人も少なくないだろう。彼は株価指数先物が下げ始めても現物の株式を買い持ちしていた。株価はストップポイントまで下げたが、これまでの長いキャリアに照らしてこれ以上は下げないと直感したので持ち株を手放さなかった。案の定、しばらくすると持ち株は下げ渋り、それ以降に反発して結果的には利益となった。我慢して持ち株を保有していたからこそ、こうして利益を手にできたのである。もしも株価がこれほど上昇しなかったら、ストップについていろいろと考えていたはずだ。彼はストップポイントをメジャーな支持線のちょっと下にきつめに置いていたが、幸いなことにこの日の押しは浅く、株価がその支持線でサポートされたことで損切りを免れた。

　もっとも、株価がストップポイントまで下げても、彼は「株価はこれ以上は下げず、まもなく反発するだろう」と考えて持ち株を売らなかっただろう。確かに日足チャートを見ると株価はその水準で下げ止まったが、彼が実際にしたのはその会社のファンダメンタルズを調べ始めたことだった。つまり、5分足チャートによるスキャルピング（小さな利ザヤを稼ぐトレード）を、「投資」に変更したのである（ストップポイントはそれほど間違ってはいなかったのに）。

　これまで何回も指摘してきたように、彼の間違いもトレーディング

プランを忠実に実行しないことだった。すなわち、ストップによる許容損失の範囲（株数）を事前に決め、必要なときはその水準で損失を確定することができなかった。トレーディングのプランやルールは具体的に決め、それを書き留めておくことが大切である。そうすれば、それは自分自身に対する約束となり、何が何でも実行せざるを得ないからである。そして最も重要な項目については何回も見直すことである。ストップを置く大切さはよく分かっているのに、どうしてもうまく実行できないときは次のようにしてみよう。

1．紙に明記したストップポイントですべてのポジションを手仕舞う。
2．これが実行できないときはとりあえずその半分を手仕舞ってみる。
3．そして株価が次の支持線を割り込んだときに、残り半分のポジションも手仕舞う。
4．これが実行できないときは、その日の安値水準でポジションを手仕舞う。
5．これもできないときは、その日の大引けで手仕舞う。
6．これもできないときは、トレーディングの世界から足を洗う。

　ポジションの半分を手仕舞うことによって、自分は負け犬になるという恐怖心がなくなるのが実感できると思う。そうすれば残り半分のポジションも抵抗なく手仕舞えるだろう。ポジションの半分を手放すことによって冷静に判断できるようになるからである。それができないときはその日の大引けで強制的に手仕舞うべきだ。負け銘柄を翌日に持ち越してはならず、それはトレーダーとして生き残る最低の条件である。以上のことをまとめると、①トレーディングプランを作成し、それを忠実に実行する、②１回のトレードの損失許容額と株数を決める、③トレーディングの目標を紙に書いて何回も見直せば、潜在意識がそれを実行できるようにしてくれる、④すべてのポジションを手仕

舞うことができないときは、とりあえず半分だけ手仕舞ってみる、⑤ストップ（損切り）は自動的かつ反射的に実行する、そして最後にくれぐれも、⑥負け銘柄を翌日まで持ち越してはならない。

過去３年間に持ち株が250ドルからたった10ドルになるまで保有していた人々はけっして少なくなかった。彼らはなぜ240ドルで損切りを実行することができなかったのだろうか。もちろん、そうだろう。たとえデイトレードできつめのストップを設定していても、株価がそこに来たときに実行しなかったのである。そうなるともはやどの値段でも持ち株を損切りすることはできない。皆さんはどうかこうしたことはしないでほしい。これから12カ月にわたって株価が下落するとき、あなたはどこでスイングトレードのポジションを損切りできるだろうか。

寄り付き30分間のトレード

私の元には寄り付き30分間のトレードに関する質問が数多く寄せられる。この時間帯は１日で最もボラティリティが大きく、多くの株式が激しく乱舞するうえ、出来高も大量に上るので、トレーダーはしっかりと気を引き締めてトレードに臨まなければならない。これを逆に言うと、寄り付き30分間をうまくトレードすればかなりの利益が上げられる（例えば、オープニングギャップを利用したゲリラトレードなど）。この寄り付き30分の時間帯はそれ以降の時間とはあまり関連性がない。オーバーナイトの売り買いの注文がたまっているうえ、マーケットメーカーもこの時間帯から多くの利益を上げようとしているので取引はかなり活発になる。この時間帯に長期のポジションを取るのは極めて危険である。ゲリラトレードやデイトレード、またはギャップトレードなど、この時間帯だけに特化した戦略を立てるべきだ。相場の世界には「素人投資家がマーケットをスタートさせ、プロのトレ

ーダーがマーケットをクローズする」という言葉があるように、寄り付き30分間にスイングトレードなどをするのはもってのほかであり、支持線・抵抗線（**第5章**）や午前10時のリバーサルタイム（56ページ参照）を利用するトレードなどをうまく使い分けなければならない。

　トレーダーはウオッチリストやギャップリスト、好材料を持つ注目株リストなどに多くのトレード候補銘柄をリストアップしているだろうが、この時間帯にそれらすべてをフォローしている余裕はなく、特に狙っている銘柄だけに絞るべきだ。そして仕掛ける前にそれらの株がどのような動きをしているのかを注視する。この時間帯の株の動きをフォローするには、素早い動きがとらえられる2分足や5分足チャートが便利であろう。もっとも、次々と違う銘柄を追っていけば相場に乗り遅れて仕掛けのタイミングを逸するので、狙いをつけた少数の銘柄だけに注目する。

　一方、この時間帯には出来高が多いので、トレーディングシステムがきちんと機能するように事前のチェックを怠ってはならない。システムの不備から相場に乗り遅れたり、スクリーンが乱れるといったトラブルに直面するトレーダーもいるからだ。例えば、高性能トレーディングソフトの「リアルティック（Realtick）」を使っているとき、通常では価格と出来高のウィンドウやチャートスクリーンには正確なデータや画像が表示されるが、レベルツー（Level Two）スクリーンの表示が遅れたり、または不正確なデータが表示され、レベルワン（Level One）スクリーンのデータと一致しないこともまれにあるので、そうしたときは絶対にトレードしてはならない。

　トレーディングシステムにはこうしたデータ表示上の問題もあるので、寄り付き30分の時間帯にはあまり多くのデータを表示しないで、最小限のデータだけに限定したほうがよい（価格と出来高、2分足と5分足チャート、先物、TRIN＝アームズインデックスのデータ――など）。このほか、複数のトレーディングシステムや高速インターネ

ットサービスを利用しているときも、こうした問題には十分な注意が必要である。チャンスとリスクの多いこの時間帯をトレードすべきですかとよく尋ねられるが、それに対する私からの答えは「もしもあなたがトレーダーであれば、以上の点を十分に理解してトレードすれば大きく儲けられるチャンスがありますよ」というものである。なにしろ、この30分間は1日のうちで最もチャンスの大きい時間帯であるからだ。

ファンダメンタルズ分析とテクニカル分析

　このどちらを選ぶのかは、トレーダーにとってはそれこそ永遠の問題である。主にファンダメンタルズに基づいて株式を売買している投資家は、株価を動かすのはその企業や業界の基礎的条件、全体的な景気動向などであると思っている。したがって、彼らは企業のバランスシートや損益計算書、原材料の需給状況などのほか、経営陣の能力や手腕、エコノミストの景気見通し、金利動向などを分析する。彼らファンダメンタリストはこれらのファンダメンタルズは一朝一夕に変化することはないとして、長期にわたって株式を保有する傾向が強い。だから朝にアマゾン株を買い、午後にそれを売却するようなことはしない。

　一方、テクニカル分析に基づいて株式を売買するトレーダーは次のような3つの信念を持っている。まず最初に、株価とは経済やファンダメンタルズなどに関するすべての情報を含めて、マーケットのあらゆる材料やフォース（Force）を反映したものである。次に株価はトレンドを描いて動き、ときに予測可能なパターンを繰り返す。株価を動かす大きなフォースは人間の心理であり、それらはすべてチャートに現れる。したがって、テクニカルトレーダー（テクニカルアナリスト）はチャートの変化に応じたトレードをするので、株式の保有期間も日

中のわずか数分から数週間・数カ月間とかなりまちまちである。彼らはバイ・アンド・ホールドの考え方を信じていない。

　以上、2つのトレーディングアプローチについてざっと述べたが、私自身はテクニカル分析のアプローチが優れていると思っている。トレードを始めた当初、皆さんと同じように私もこの問題について大いに悩み、ファンダメンタルズ分析だけで株式を売買していたときもあった。しかし、あとになって自分の進むべき道はテクニカル分析のアプローチであると思うようになった。一般にこうした二者択一の問題に直面したときはその中間を取るものだが、私はそうはしなかった。今ではテクニカル分析こそが唯一最高の売買指示を出してくれるものと思っている。

　皆さんは私がファンダメンタリストについては「投資家」、テクニカルアナリストについては「トレーダー」という言葉を使ったことに気づかれただろうか。ファンダメンタリストとは長期投資家というニュアンスを持っている。私自身は激しく変化している今のマーケットにおいて、バイ・アンド・ホールドはまったく有効性がないと思っている。というのは、昔の大手企業はほとんどが製造業で、多額の初期費用を投入して工場を建設し、巨額の資金がなければ短期間でゼネラルモーターズ（GM）のライバルになることはできなかった。しかし、今の主力企業の多くはコンピューターとその関連機器、ソフトなどを作るハイテク産業であり、こうした技術は日々進化している。そして優れたアイデアと想像力があれば、ガレージの2人の若者でも大手企業に対抗できる。

　このことは1990年代のインターネット企業を見ても分かるだろう。その株価がわずか1ドルから数百ドルになった企業も珍しくなかったし、そのなかには今期・来期も利益が出ず、多くの借金を抱えている企業も含まれていた。ファンダメンタリストはこうした現実をどのように解釈するのか。さらに2001年に経営破綻したあの総合エネルギー

大手のエンロンに見られるように、多くの投資家を欺いたそのファンダメンタルズとは一体何だったのか。そのようなファンダメンタルズをはたして信用することができるのか。

このように考えてくると、ファンダメンタルズ分析よりもテクニカル分析のほうが安全であるとは思えないだろうか。来年のことよりも明日のことのほうが予測がつきやすいという理由から、テクニカルトレーダーはよく早々とポジションを手仕舞ってしまう。しかし、ファンダメンタリストは仕掛けたときのファンダメンタルズが変化しないかぎり、いつまでもポジションを保有する。私はこれらのファンダメンタリストたちにこう聞きたいと思う。「一体あなたがたはどのようなファンダメンタルズに基づいて、いつ株を買い、いつ利益を確定したり、損切りするのですか」。

私はチャートを見てトレードの決定を下す。私のコアトレードは数週間から数カ月にわたってポジションを保有するものだが、そのときの売買も主にチャートのシグナルに基づいて行う。ファンダメンタルズの変化が発表される前に、その情報はすでに株価に反映されていると思うからだ。

ニュースについて

もしもあなたがデイトレードをしようと決め、テレビのスイッチを入れてCNBCのニュースを見るとしよう。好材料となる最新の良いニュースでその株を買ったり（悪いニュースで売ったり）しても、ほかの多くの投資家に勝つことができるだろうか。もちろん、その答えは明らかであろう。あなたは業績の大幅な上方修正のニュースを受けてギャップを空けて寄り付いた株式が、それから２週間にわたって下げ続けたという場面を何回も見たことがあるだろう。好材料を受けた株式が下落し、悪材料の出た株式が上昇するのは何ら珍しいことではな

図2.4　マクドナルド（日足）

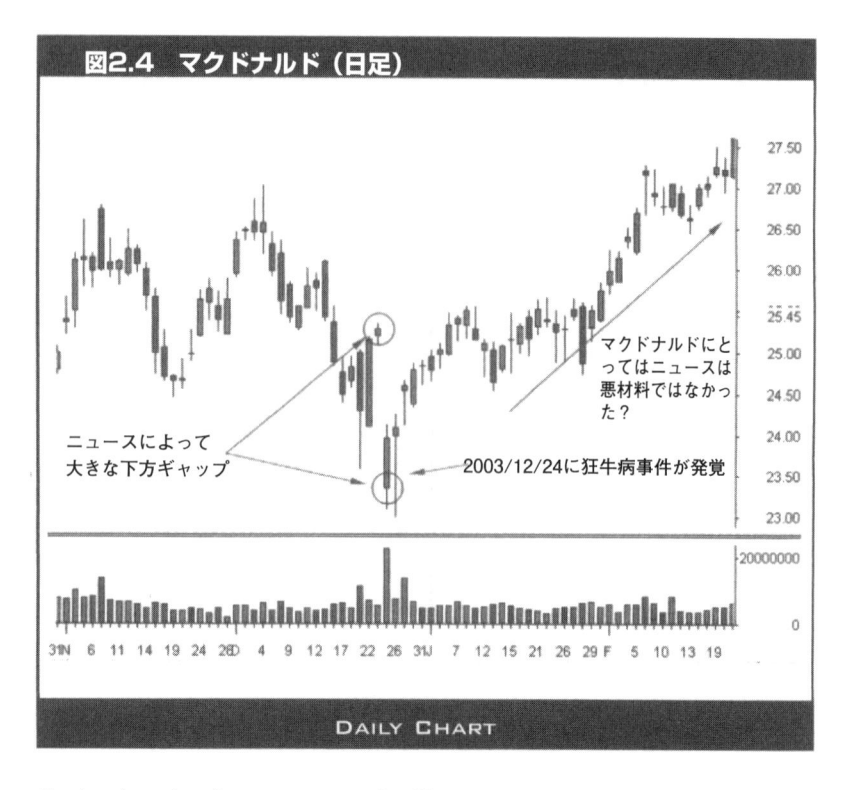

ニュースによって大きな下方ギャップ

2003/12/24に狂牛病事件が発覚

マクドナルドにとってニュースは悪材料ではなかった？

DAILY CHART

To view charts in color go to: www.traderslibrary.com/TLEcorner

い。こうした株価の予想外の反応に当惑しないためには、まず第一にマスコミのニュースを見ないことである。ウオッチリストに好材料を持つ銘柄が含まれていても、そうしたニュースは無視することである。われわれはそうしたニュースに対する自分の反応ではなく、ほかの人々の反応に基づいてトレードすべきだ。チャートを見るというのはそういうことである。

　図2.4はマクドナルドの日足チャートであるが、問題となるのは2003年12月24日の動きである。あなたはこの日に狂牛病事件が発覚したのを覚えているだろう。この事件を受けてすべてのファストフード株は下方ギャップを空けて急落し、CNBCなどのマスコミはこぞって

アメリカのハンバーガー産業は終わりだと報じたものだ。そして株価はさらに下落するとの見方から空売りが続出した。もしもこれが事実だとすれば、なぜ翌日に安く寄り付かなかったのだろうか。

　それは狂牛病の悪材料は出尽くし、相場に織り込み済みとなったからである。それ以降の株価を左右するのは、もはや悪材料でも好材料でもない。前日の終値とほぼ同水準で始まった株価は、そのあとに上下のいずれかの方向に向かうはずだ。このときのチャートは弱気のパターンであり、いったん目先のトレンドがはっきりするとデイトレードなどのチャンスはあるが、それ以外のトレードはこの時点ではとてもできそうにない。ここで考えなければならないのは、悪材料はどれくらいマクドナルド株にマイナスの影響を及ぼし、それ以降になぜ株価は上昇をたどったのかである。これについてアナリストやマスコミの解説者は事後的に、狂牛病の影響で牛肉価格が下落し、それによってファストフードの原材料価格が下がれば、それは好材料と受け止められたからだと説明していた。はたしてそうなのか。

　次はマラソン・オイルの日足チャートであるが、同社が普通株の売り出しを発表した2004年3月26日、**図2.5**のようにその株価は急落して始まり、さらに下落すると思われた。チャートはわれわれが「ギャップとスナップ（Gap and Snap）」と呼ぶゲリラトレードのパターンを示しており、プリスティーンではスイングトレードとしてこの日の寄り付きに買い出動することを指示した。マクドナルド株と同じような理由でマラソン株もそれ以降に大きく上昇した。私は普通株売り出しの意味についてはうまく説明できず、たとえできたとしてもそれはあまり意味がない。大切なことはニュースに関する知識ではなく、それによってギャップを空けた株式からどのようにして利益を引き出すかである。

　最後にデルタ航空の日足チャートを挙げておこう（**図2.6**参照）。この株式は売買時期を知らせてくれる友だちやアナリストがいるとい

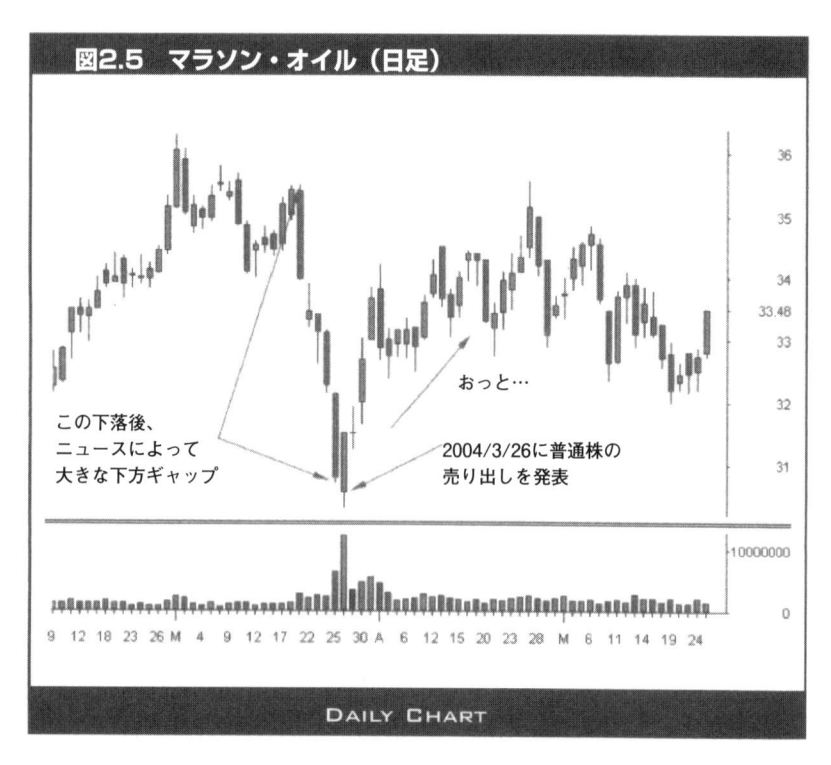

図2.5 マラソン・オイル（日足）

この下落後、
ニュースによって
大きな下方ギャップ

おっと…

2004/3/26に普通株の
売り出しを発表

DAILY CHART

To view charts in color go to: www.traderslibrary.com/TLEcorner

う理由で、私のお気に入りの銘柄である。同社は2004年5月10日に労働側との賃金交渉が不調に終われば連邦破産法の適用を申請すると発表、その翌日にはスタンダード・アンド・プアーズ（S&P）が同社のレーティングをネガティブに引き下げ、さらに12日にはムーディーズ・インベスターズ・サービスも同社の格付けを引き下げたが、株価は10日の安値である4.53ドルを下回ることはなかった。同社は倒産の危機に瀕し、アナリストたちもこぞって同社株を格下げしたが、それでも株価は10日の水準よりも下に行くことはなかった。

　デルタ航空株はそれまでの4カ月間に66％も下げ、10～11日が大商いになっていることに注目してほしい（ちなみに、プリスティーンは12日の4.67ドルでスイングトレードの買いを指示している）。それ以

第2章　トレーディングの基礎知識

図2.6　デルタ航空（日足）

2004/5/10に組合側との賃金交渉が決裂すれば、連邦破産法の適用を申請すると発表

5/11にS&Pが同社のレーティングをネガティブに引き下げ

5/12にムーディーズが同社を格下げ

5/20にリーマン・ブラザーズによる同社の格上げ発表を受けて株価が急上昇

DAILY CHART

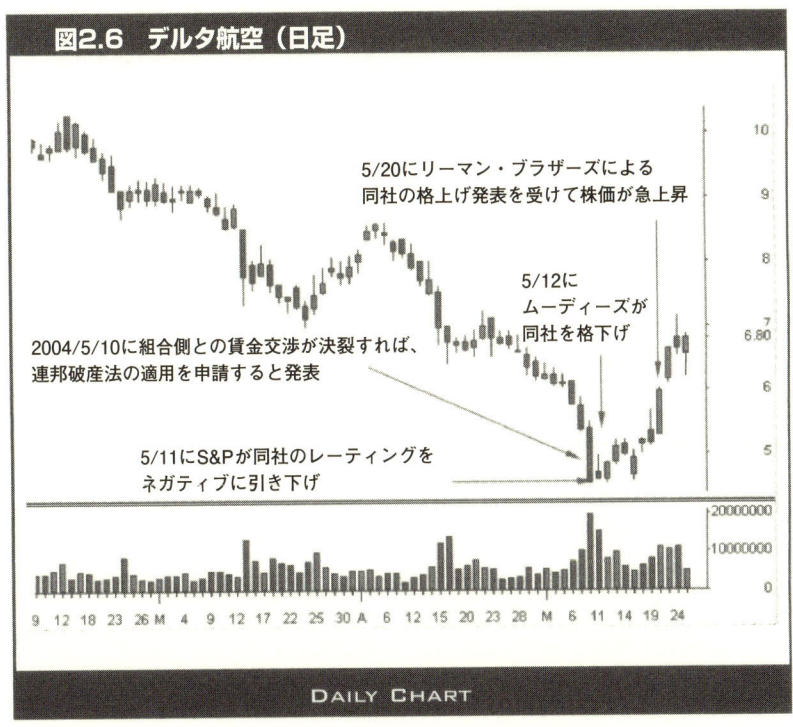

To view charts in color go to: www.traderslibrary.com/TLEcorner

降の5月20日には、リーマン・ブラザーズが同社の格上げを発表、株価は6.02ドルまで上昇した。これは10日の最安値から33％の上昇率である。このように確かにニュースは株価を動かすが、それはテクニカル的に陰または陽の極に行き着いた株価を反転させるひとつのきっかけにすぎない。こうした理由からニュースを勝手に自己解釈して株式を売買してはならない。

ニュースとトレード

　このようにニュースは株価を動かす大きな材料であり、ファンダメンタリストはニュースをかなり重視するが、トレーダーはあまり重視

せず、テクニカルアナリストはまったくニュースを無視する。ある講演の席上、私は出席者に対して「皆さんのうち何人がリアルタイムなニュースを知っていますか」と質問したことがある。約半数の出席者が手を挙げたが、私がその人たちに「あなた方は勘違いをしていますよ」と言ったところ、彼ら・彼女らはけげんな顔をした。私は本当のリアルタイムなニュースというのは、例えば密室で会計士がCEO（最高経営責任者）に会社の重大な問題を告げたときの話などであると説明した。そのあとのニュースはすべて二番せんじのものである。その話は会社の幹部に伝えられ、印刷物を通して従業員とその家族や取引先などに知らされたあと、プレスリリースで一般に公表される。マスコミによって報じられるのはその最後の段階のニュースである。

　こうしたことはチャートを見るとよく分かる。ある株式が2日間にわたって下げたり、大引け直前に急落したあと、翌朝にその原因となったニュースが発表される。そのときまでにチャートを見ている抜け目のないトレーダーは持ち株を売却しているだろう。業績や金利動向、景気判断指数、企業の合併・買収、CEOの退任などのニュースは確かにマーケットや個別株を大きく動かすが、大切なことはそこからどのように利益を引き出すかである。例えば、ある企業の決算発表を控えてあなたはトレーディングシステムのスクリーンを見ているとする。さらにCNBCの報道よりもかなり前に決算の数字を知ることのできるニュースサービスを受けているとする。その数字によってその企業の株を買うか、売りたいと思っていたところ、前年比25％増というこれまでにない高い増益のニュースが伝えられた。それではこのニュースは買い、それとも売りなのか。もちろん、このニュース自体はかなりの好材料であるが、事前の予想が40％の増益であったとすれば、25％増という数字は失望売りを誘うだろう。

　あなたはこうした状況をすでに何回となく経験しているだろうが、それならば事前の予想が22％の増益であるときに25％増の公表利益

が発表されたとすれば、この株は買いなのか。この株を買ったあとに、アナリストなどによる非公表の予想値を知ったとしたらどうなのか。例えば、EPS（1株当たり利益）の公表予想値が18セント増、非公表の予想値は21セント増、実際の数字は25セント増だったとしたら、これはやはり買いとなるのか。その答えは「ノー」である。もしもこの発表に先立って8日間にわたって続伸していたとすれば、うわさの段階では買い、実際の増益発表のニュースでは売りとなる。

　一方、あるニュースの発表を受けてある株が3ドルの上方ギャップを空けて寄り付いたとしよう（マーケットメーカーのいろいろな株価操作はないものとする）。それではこの好材料をはやしてこの株はさらに上昇するのか、それとも反落するのだろうか。その答えは「どちらともいえない」である。というのは、その材料を受けて3ドルの上方ギャップを空けたところが買いと売りの均衡点であり、それ以降、この株がどちらの方向に向かうのかは分からない。おそらく、下げれば買いが入り、上げればそこには売り物が待っているだろう。

　以上のように、ニュースの発表を受けた株価の動きにはケース・バイ・ケースで対処すべきである。大きなギャップを空けて寄り付いた株はそれ以上は上げないと思われるので、そこでは買いを控えたほうがよい。また、それまでにかなり上昇してきた株にアナリストの格上げ予想がタイムリーに発表されたときは、何らかの裏の意図があるのではないと疑ってみるべきだ。スキャルパーであればそうした状況から小さな利益を取ろうとし、また一部のトレーダーは好材料のニュースで株価が大きく上昇したところを売るかもしれない。しかし、そうした材料を持つ株はとりあえずウオッチリストに入れておき、やはり実際のトレードはチャートパターンをよく見て行うのがベターであろう。なにしろ、テクニカルアナリストはあなたが耳にするニュースのインパクトをすべてチャート上で確認しているのだから。われわれトレーダーは実際には株式ではなく、ほかの人々をトレードしているの

である。また、ニュースをトレードするのではなく、ニュースに対するほかの人々の反応をトレードしていることをどうか忘れないでほしい。

あなたはまだ投資をしているのか

　もはや株の「投資」には有効性がないことはすでに指摘したが、だからといってどうか誤解をしないでほしい。われわれはいろいろな時間枠のチャートを見てトレードし、それにはかなり長期のトレードも含まれる（コアトレードではかなり長期にわたってポジションを保有する）。それならば、われわれの長期にわたるコアトレードと投資はどのように違うのか。一言で言えば、われわれのコアトレードはいつでもマネジメントされており、一定の条件をクリアしなくなったときは直ちにポジションを手仕舞う。これに対し、多くの投資家には株は上がるものという神話を信じて、ポジションをマネジメントするルール（利益確定や損切りなどのルール）もない。それはいわば、アービングの小説に出てくる20年間も眠っていたというあのリップ・バン・ウィンクルのようなものである。

　トレーダーは自らのトレーディングプランに応じて、週足をベースに数週間から数カ月にわたってポジションを保有したり、日足チャートに基づいて数日間のトレードも行っている。1年間に20％上昇する株もあれば、日足チャートで何回も20％ほどの騰落を繰り返す株もあるからである。例えば、**図2.7**のヤフーの日足チャートを見ると、わずかこの数カ月間に前の上昇分のほぼすべてが帳消しされている。すなわち、プリスティーンの買いセットアップ（PBS。**付録A**参照）に従ってどれほど最高の買い場で仕掛けても、ずっとポジションを保有していればそのすべての利益を吐き出す結果となっている。

　投資を勧めないまず第一の理由は、現在のマーケットやテクノロジ

図2.7 ヤフー（日足）

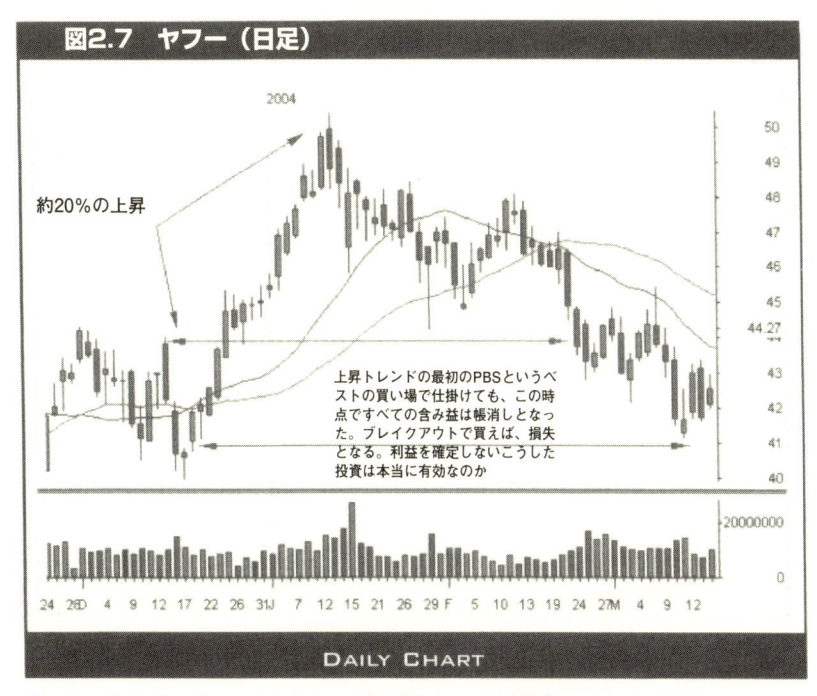

約20％の上昇

上昇トレンドの最初のPBSというベストの買い場で仕掛けても、この時点ですべての含み益は帳消しとなった。ブレイクアウトで買えば、損失となる。利益を確定しないこうした投資は本当に有効なのか

To view charts in color go to: www.traderslibrary.com/TLEcorner

ーはものすごいスピードで変化しているからである。昔の主な上場企業は鉄鋼や自動車などの製造業で、孫のためにGM株を購入するのは安全な投資だった。GMに追いつくには莫大な資金と時間が必要だったが、サービスやハイテク企業の多い今のマーケットでは、ガレージで起業する2人の若者でもたちまち大企業のオーナーになれる。また、世界を見渡すとテロや戦争、核攻撃の脅威に満ちており、こうした不安感を反映したマーケットではボラティリティがますます大きくなっている。

　一方、株式の取引コストは昔とは比較にならないほど割安になっている。かつての売買手数料は最高で500ドル以上にも上り、またスプレッド（買値と売値の差額）は8分の3ドル（現在の金額に換算する

と約37セント)、または薄商いの値がさ株では数ドルにも達していた。そして急上昇している株式にすぐに乗りたいときでも証券会社に電話して注文を出さなければならず、大引けになってやっと買い注文が約定したというケースも珍しくなかった。一般投資家はイントラデイ(日中)のチャートを見ることもできなかった。

　それが今ではどうだろう。売買手数料は7～19ドル、スプレッドはわずか1セント程度、証券会社に電話しなくてもすべての株式をリアルタイムに買うことができる。例えば、以前はインテルの1000株をデイトレードするとき、間違いですぐに手仕舞うとそのコストは1375ドルにも達したが(1000ドルの往復手数料＋37.5セント×1000株のスプレッド料)、今ではわずか35ドルで済む(25ドルの往復手数料＋1セント×1000株のスプレッド料)。すなわち、かつてはインテル株を1000株購入しても1.37セント以上上がらなければ損失となった。取引コストがこれだけ高いとデイトレードやスイングトレードはほとんど成り立たない。それが今では様変わりである。自分に合ったいろいろなトレード手法で退職積立金を増やすことができるし、インターネットによってまたは証券会社に電話して売買注文を出してもよい。

リバーサルタイム

　私の講演を聞きに来るトレーダー(プリスティーンのトレーダーではない)のうち、1日のリバーサルタイム(Reversal Time＝RT)について知っている人はどれくらいいるのだろうか。おそらく出席者の10%以下であろうが、その彼ら・彼女らも私の前著『デイトレード』を読んで初めて知ったのであろう。そして1日のこうしたリバーサルタイムを知らないとトレードでとても不利な立場に立たされると言うと、参加者の多くは突然私の話に耳をそばだてる。

　リバーサルタイムとは直近のトレンドが停止したり、または株価が

反転する1日の時間帯である。そうした動きはマーケット（ウォール街）のほか、マーケットメーカー（株式の値付けをする証券会社）やスペシャリスト（取引所から指定された特定の銘柄を専門に売買する会員）のいろいろな事情によって引き起こされる。例えば、リバーサルタイムのひとつである午後3時（東部標準時）は債券市場がクローズする時間である（株式相場は債券の動きに大きく影響される）。また、寄り付きからの5分間（午前9時30分～9時35分）はマーケットメーカーやスペシャリストが大量の成行注文を処理する時間帯である。この時間には株価が大きく動き、このときの高値や安値がその日の最高値や最安値になることもよくある。

　このほか、ランチタイムはマーケットメーカーやスペシャリストのベテラン担当者が昼食に出かけ、新米社員が業務に当たることが多いので、ブレイクアウトがよくダマシになる。1日のリバーサルタイムは午前9時35分、9時50分～10時10分、10時25分～10時35分、11時15分、12時、午後1時30分、2時15分、3時、3時30分（いずれも東部標準時）などで、なかでも特に重要なのは午前9時50分～10時10分、11時15分、午後1時30分、2時15分、3時などである。**図2.8**はその株価の動きを示した半導体検査装置メーカーのKLAコンテールの5分足チャートである。

　まず午前9時35分のリバーサルタイムにこの日の安値を付けたあと、10時のリバーサルタイムの高値は午後2時15分までの高値で、そこで売るというプリスティーンの売りセットアップが出ている。寄り付き5分間に買いを入れ、10時のリバーサルタイムでそれを手仕舞うトレーダーもいる。ランチタイムにはダマシの下放れがあったあと、株価はこの日の高値に向けてジリジリと値を上げていった。午後2時ごろにいったん押したが、2時15分のリバーサルタイムでは強力な上放れでプリスティーンの買いセットアップが出たあと、3時のリバーサルタイムでこの日の最高値を付けた。このように1日の最高値や最安値、

図2.8　KLAコンテール（5分足）

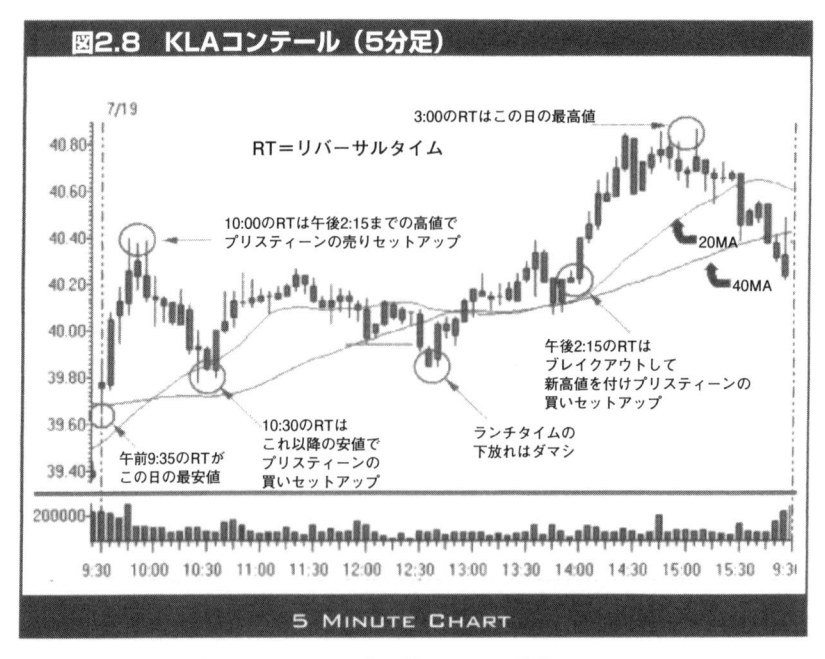

To view charts in color go to: **www.traderslibrary.com/TLEcorner**

2回の大きなピボットポイント（トレンドの方向が変わるときの起点）、最高の買い場などはすべてリバーサルタイムとほぼ一致している。

　すべてのリバーサルタイムで株価が大きく動くわけではないが、1日の主要な高値・安値やピボットポイントの多くが5分足チャートのリバーサルタイムと一致しているというのはけっして偶然ではない（最近では午前10時30分のリバーサルタイムがその日の高値や安値になるケースがかなり多い）。こうしたリバーサルタイムはマーケットの局面によって多少異なるが、このような1日の主要なリバーサルタイムをうまく利用すればかなり有効なトレードができるだろう。

200期間移動平均線の威力

　トレーディングとは確率のマネーゲームであり、そこには確実なも

のは何もない。確率的に有利なものを受け入れ、そのルールに従うだけだ。最も信頼性の高い指標をひとつだけ選べと言われたら、私は迷わず200期間移動平均線を挙げる。力強い上昇も食い止めるその抵抗線、急落する株価をサポートする支持線、いったん株価がこの移動平均線を交差すると新高値や新安値まで株価を押し上げる（下げる）その威力はかなり強力である。例えば、デイトレードで使う５分足と15分足の20期間移動平均線と200期間移動平均線は私に言わせると「ビッグ４」であり、なかでも15分足の200期間移動平均線はキングである。**図2.9**は２日間にわたるコンテンツ管理ソフトのインターウォーブンの15分足チャートである。

　それを見ると、最初の午前10時のリバーサルタイムでは予想どおりに反転し、30分間にわたって小高く推移している。ここで持ち株のすべて、または半分を売る理由はまったく見当たらない。もし15分足の200期間移動平均線から大きく下方に乖離した株式を買ったとき、それが200期間移動平均線まで上昇してきたら、そのすべてか、一部を売却したほうがよい（**図2.9**のチャートを見てもそれははっきりと分かる）。移動平均線の重要性とは、支持線や抵抗線を厳密な数字として考えるのではなく、ある程度の領域を持ったものとして考えることである。移動平均線とは「ガラスの皿」ではなく、「ゴムバンド」のようなものであるのだ。したがって、上昇してきた株価が移動平均線を単に上抜いたという理由だけでそこを買ってはならず、何回もの試しを繰り返したあとにそこを上抜いたときが信頼できる買い時となる。こうしたチャート（移動平均線）のルールはどのような時間枠でも、またすべての個別株や株価指数や先物にも当てはまる。

　図2.10は半導体セクター指数の15分足チャートであるが、５月10日には寄り付きから15分間に急上昇して前日の高値を上抜いた。しかし、抜け目のないトレーダーであれば15分足の株価がリバーサルタイム（午前９時50分〜10時）に勢いよく上昇して200期間移動平均線を

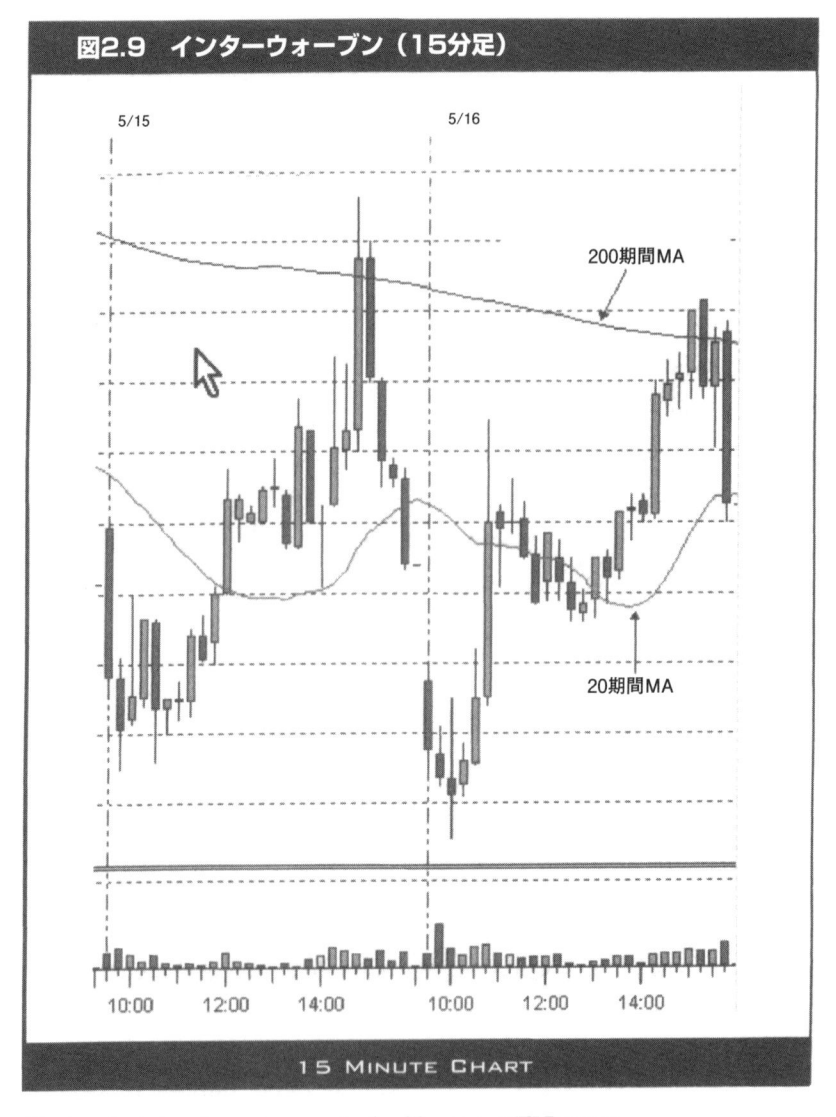

図2.9 インターウォーブン（15分足）

5/15　　　5/16

200期間MA

20期間MA

15 MINUTE CHART

To view charts in color go to: www.traderslibrary.com/TLEcorner

図2.10 半導体セクター指数（15分足）

To view charts in color go to: www.traderslibrary.com/TLEcorner

上抜いたが、そこで上げ止まることは容易に予測がつく。こうしたことはよく見られるケースである。このケースでは再び株価が200期間移動平均線を上抜くのに4日を要している。5月15日の午後の上放は1時間ほどで終了したが、3日ぶりに200期間移動平均線を上抜き、それは過去3日間で初めて寄り付き後30分間の高値を上回ったときでもあった。賢明なトレーダーであれば、ナスダックが半導体セクター指数に追随しなかったことから、ここは買いポジションを利食いするところであると考えるだろう。

しかし、15分足の株価が200期間移動平均線を上抜いたところはすべて売り場になるのかと言えば、必ずしもそうではない。日中足を見ているデイトレーダーはそこで売るかもしれないが、スイングトレーダーにとって強力な移動平均線を上抜いたところは有望な買い場となる。図2.10をもう一度見直してみると、5月15日に200期間移動平均線のブレイクに失敗した株価は、2時間前に上抜いた揉み合いの支持

図2.11　インターウォーブン（15分足、2日間の足を追加）

（チャート内の注釈）
- 200MA
- 1日半にわたる一本調子の上昇
- 上昇する20MAに沿って上昇
- 上方ギャップで寄り付き、三度目の試しで200MAを上抜く
- SAME 15 MINUTE CHART SHOWING NEXT TWO DAYS

To view charts in color go to: www.traderslibrary.com/TLEcorner

　レベルまで下げた。この揉み合いでサポートされた株価は翌日に再び200期間移動平均線を試し、今度はわずか4時間で4日ぶりにこの強力な抵抗線をブレイクした。三度目の正直で200期間移動平均線のブレイクを果たした株価の勢いは止まらず、これが完璧な上放れとなった。

　ここで表示期間を数日間だけ伸ばした先のインターウォーブンの15分足チャートの続き（**図2.11**）を見てみよう。200期間移動平均線を2回試したが失敗した株価が、その後どうなったのかがよく分かるからである。翌5月17日には200期間移動平均線のちょっと下で小さな上方ギャップができたあと、株価はほぼ一本調子で上昇していった。三度目の正直でやっと200期間移動平均線のブレイクに成功したので

第2章 トレーディングの基礎知識

図2.12 マイクロソフト（5分足）

1. 午前10時まで上昇した株価はリバーサルタイムで200MAに頭を押さえられた

2. 上昇する20MAでサポートされた株価が安値を切り上げていった

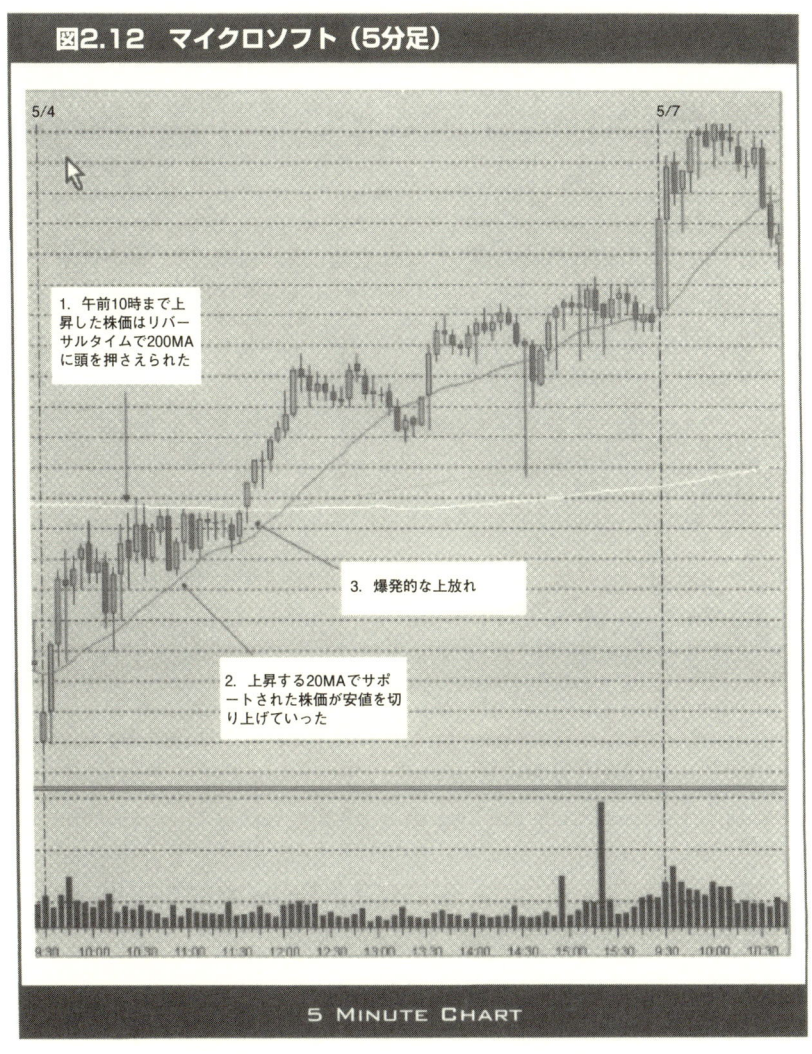

3. 爆発的な上放れ

To view charts in color go to: www.traderslibrary.com/TLEcorner

ある。ここで大切なことは、200期間移動平均線の2回のブレイクに失敗しても株価がそれほど下げなかったことである。株価が上方ギャップを伴って勢いよく200期間移動平均線をブレイクしていったのは

図2.13　ゼネラル・エレクトリック（日足）

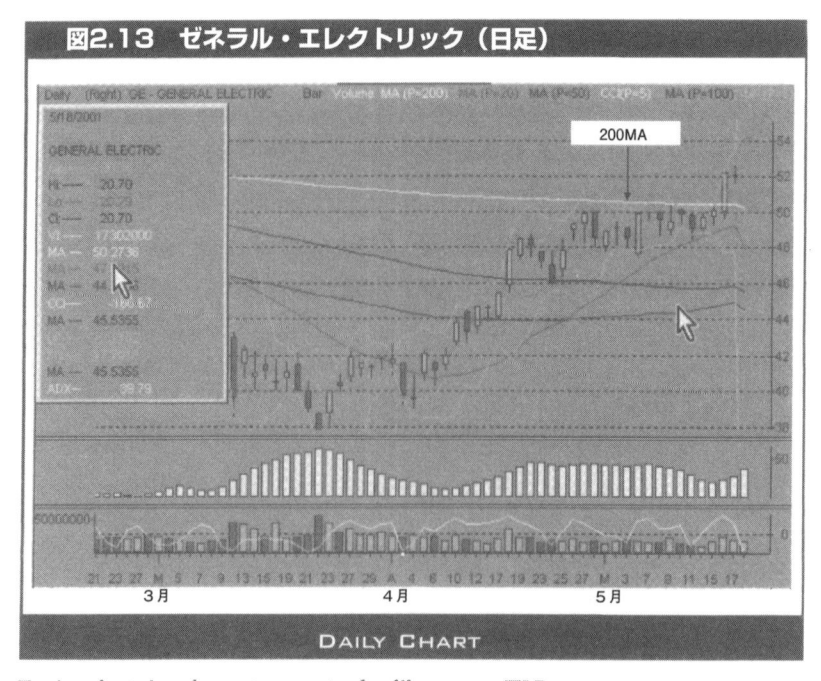

To view charts in color go to: www.traderslibrary.com/TLEcorner

　トレンドが変化する強力なシグナルであり、それから１日半にわたって株価は一本調子で急上昇していった。

　強力な200期間移動平均線を株価がどのようにブレイクしていくかについてもう少し見てみよう。**図2.12**はマイクロソフトの５分足チャートであるが、５月４日の株価は200期間移動平均線のすぐ下で揉み合っていた。株価は午前10時15分～11時45分に上昇する20期間移動平均線に支えられながら徐々に安値を切り上げ、69.60ドル近辺で200期間移動平均線をブレイクし、71ドルを超えて引けた。移動平均線のすぐ下で揉み合うというのは、まもなくそれをブレイクするという強力なシグナルとなる。そのときの揉み合い期間が長く、移動平均線に接近しているほど相場付きはしっかりしており、まもなくジリジリと安値を切り上げたあと、勢いよく移動平均線をブレイクするだろう。

この抵抗線で売ってきた売り方が苦境に立たされるのは言うまでもない。こうした200期間移動平均線の威力について、日足チャートの200日移動平均線を抜きにしては語れないだろう。

図2.13はゼネラル・エレクトリック（GE）の日足チャートであるが、株価は200日移動平均線のすぐ下で13日間にわたって揉み合っている。これは50ドルをはさんだ水準であり、その後株価は勢いよく200日移動平均線をブレイクして、短期的に急上昇した。このように200期間移動平均線はどの時間枠のチャートでも、強力な支持線・抵抗線、新しいトレンドの形成線となる。

20期間移動平均線のパワー

これまで200期間移動平均線の威力について述べてきたが、以下ではデイトレードと移動平均線について説明していこう。デイトレーダーは主に5分足と15分足のチャートを使っているが、こうした短い分足でも重要な移動平均線は終値をベースとした20期間と200期間の単純移動平均線である。また、60分足チャートでも主要な移動平均線は20期間と200期間移動平均線である。これらの移動平均線がなぜ重要であるのかといえば、①ほぼすべてのトレーダーや投資家がそれを見ている、②その勾配によって上昇トレンドや下降トレンドであることが一目で分かる、③例えば、株価が200期間移動平均線まで下げると、これまで支持線として株価を支えてきたこの水準では多くの買いが入る——などの理由による。このほか、これらの移動平均線はタイミング指標としてもよく利用されている。例えば、株価がギャップを空けて寄り付いたあと徐々に下げても、強い株式は支持線となっている上昇する移動平均線の水準で揉み合い、ここでしばらく調整するだろう。この調整局面からいつ再び動意づくのかのカギとなるのは、短期の20期間移動平均線である。

図2.14　オープンウエーブ・システムズ（5分足）

寄り付きで上方ギャップ

上昇する20MA

5 MINUTE CHART

To view charts in color go to: **www.traderslibrary.com/TLEcorner**

　図2.14は、通信事業者向けソフトウエアサービスのオープンウエーブ・システムズの11月13日の５分足チャートであるが、株価は上方に大きなギャップを空けて寄り付いた。この日の寄り付きは前日の終値を大きく上回って、強く寄り付いた。このチャートを見て、読者は寄り付きで買うだろうか。こうした大きなギャップを空けて寄り付いた株は買ってはならない。その後の押しを待つべきであろう。株価はそれから５分足の上昇する20期間移動平均線の辺りで支持され、午前11時30分に前の高値を更新した。株価はランチタイムに少し押したが、このときも20期間移動平均線が支持する形になっている。それ以降の株価は午後３時10分に20期間移動平均線をかなり割り込んだ水準まで

図2.15 オープンウエーブ・システムズ（15分足）

寄り付きで上方ギャップ

上昇する20MA

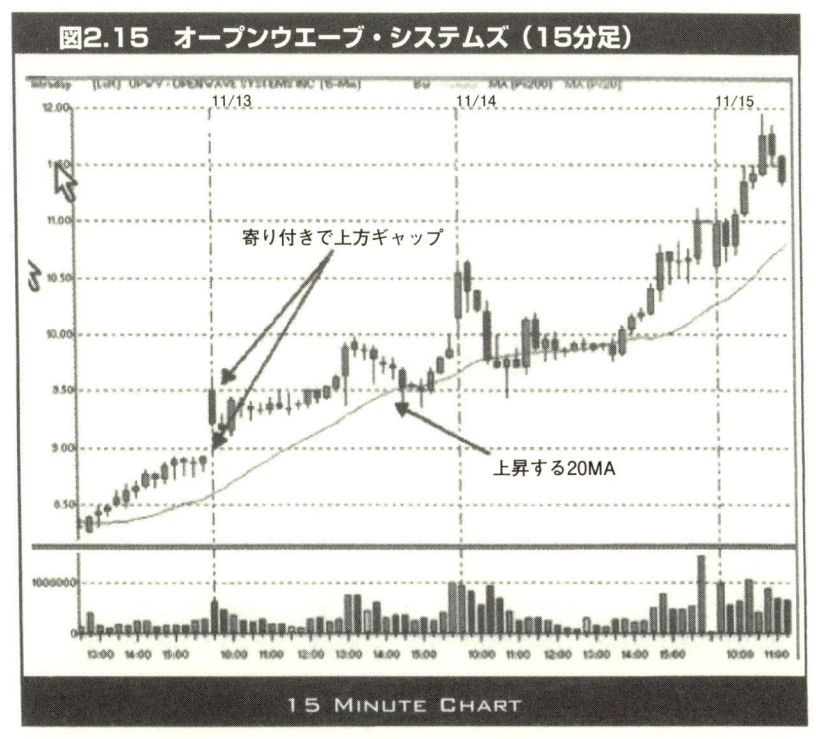

15 MINUTE CHART

To view charts in color go to: www.traderslibrary.com/TLEcorner

下げたが、この局面を**図2.15**の15分足チャートの20期間移動平均線で見ると、しっかりと下支えされているのが分かる。その後の株価は大きく上昇した。この株に限らず、こうしたパターンはどんな株式でも見つけられる。

　オープンウエーブ株の15分足チャートを見ると、午後３時10分には一時20期間移動平均線を割り込む下ヒゲを出したが、上昇する移動平均線の支持線はガラスの皿ではなく、ゴムバンドのようなものであることを思い出してほしい。ただし、ここで買い出動するのは賢明ではなく、その後の方向をしっかりと見極めてから仕掛けるべきだ。例えば、デイトレードやスイングトレードで仕掛けるときでも、もっと長

期の移動平均線（60分足など）のトレンドも確認して最終的な決定を下したほうがよい。

常に基本に戻る

どのような分野にも順守すべき基本ルールがあり、勝利や成功を手にするには常に基本に戻るという姿勢が大切である。これはトレーディングについても当てはまるが、ときとして基本ルールを踏み外すトレーダーも少なくない（例えば、奇妙な指標やテクニックに夢中になり、前に学んだ大切な基本を忘れてしまったトレーダーなど）。とりわけ現在の複雑なマーケットではミクロとマクロの視点を忘れず、そのときの環境に見合ったトレード戦略や利益目標を立てるべきである。さらに、ある時間枠のチャートだけに出現したパターンに目を奪われ、それ以外のチャートを見ないと大きな失敗を犯すことになる。トレンドの優位性を味方に付けるには、ミクロとマクロの時間枠のトレンドが同じ方向にあることを確認したうえでトレードしなければならない。毎日のトレーディングプランを立てるというのも大切なことである。マネーマネジメントをきちんと実行し、リスク資金の範囲を明確にしなければ、今のような不確実なマーケットで勝つことはできない。

図2.16は、医薬品大手のメルクの日足チャートであり、2003年1月28日の53.10ドルで買いシグナルとなった株価は上方ギャップを空けて急上昇し、1月30日には55.75ドルまで上げた。1月28日の買いシグナルは「クライマックス局面の買いセットアップ（Climactic Buy Set-up＝大商いを伴って暴落した株価の売られ過ぎの反動を狙うもの）」というものであるが、ここで問題となるのはそのときにどれほどのクライマックス的な大商いになったのかということである。一般にそうした局面ではまだ弱気基調が続いており、買い有利な状況とはなっていないので、比較的長期のスイングトレードなどは避けたほ

図2.16 メルク（日足）

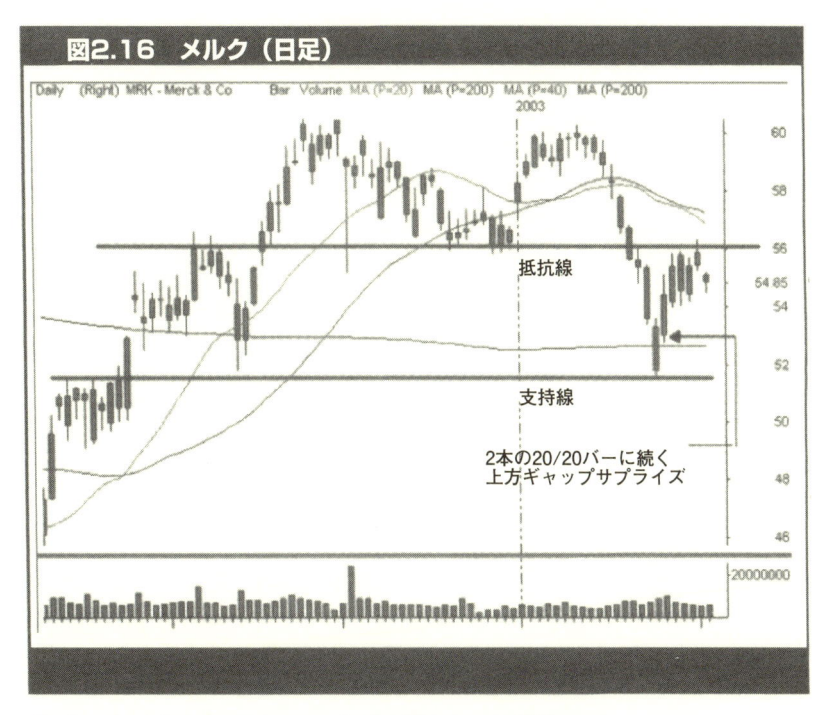

抵抗線
支持線
2本の20/20バーに続く
上方ギャップサプライズ

To view charts in color go to: www.traderslibrary.com/TLEcorner

うがよい。

　1月28日のオープニングギャップの局面では「上方ギャップサプライズ（Bullish Gap Surprise）」と呼ばれるものを利用したゲリラトレードが適しており、利益目標などもこの手法に基づいた数値を設定すべきである。このように相場の局面に応じたトレーディングプランを立て、ポジションと資金をしっかりマネジメントするというトレーディングの基本ルールを忘れてはならない。

Lessons on Managing

第3章
トレードのマネジメント

トレードをマネジメントする

　この章ではトレードをめぐるいろいろな問題について論じていくが、まず最初は損益レシオとポジションサイズの問題に焦点を当てる。トレードにおける第一の問題というわけではないが、それでも最も重要な問題のひとつに変わりはないからだ。まずチャートを見てトレードの全体的なプロセスを考えながら、実行するトレード戦略を検討する。トレーディングプランとトレード戦略が決まったら、実際にトレードする前に参考のために株価指数先物やレラティブストレングス（Relative Strength）なども調べておく。こうした準備作業ができたら、いよいよトレードの予想損益率とポジションサイズという具体的な数字を詰めていく。

　トレードに際してはまずチャートを見て、ストップ（損切り）のロジカルなポイントと利益目標を決定すべきである。それらの位置をむやみに変更してはならず、自分のトレーディングルールに基づいて決定する。損益レシオはトレード戦略に応じて異なるが、それでも最低で1対1、できれば1対2以上というのが望ましい。例えば、日足チャートのプリスティーンの買いセットアップ（PBS。**付録A参照**）に従って、前日の高値を上抜いたところで買っていくとする（前日の安

値にストップを置く)。しかも、前日の値幅が狭くないとしよう。ストップに引っかかれば２ドルの損失となる。株価はまだ上昇トレンドの第二段階に入っておらず、直近の高値と直前の押し目の40％押したところに利益目標を置く。その金額が1.50ドルであるとすれば、予想損益レシオは0.75（1.5÷2.00）である。このトレードの勝率が100％でなければ、これはあまり勧められない。

　上昇トレンド第二段階のPBSではなぜナローレンジデイ（狭い値幅の日）が有利なのかがこれでお分かりであろう。有利なPBSのときの利益目標が３ドル、前日のレンジがわずか１ドルであるとすれば、ストップによる予想損失も１ドルとなるので、このときの損益レシオは１対３とかなり有利になる。

　もしも損益レシオが0.75のトレードにあまり気乗りがしないときは見送るかもしれない。予想損益レシオを維持するために、ストップポイントや利益目標をむやみに変更してはならない。新しいトレードにはミスが付き物であるし、トレードの損益レシオはそのときの相場局面に大きく左右されるからである。

　トレードの損益レシオは、そのトレーダーのトレーディングスタイルによっても大きく違ってくる。例えば、10セントの利ザヤを狙うようなスキャルパーの損益レシオはほぼ１対１であるが、勝率80％のトレーダーはこの程度の損益率で十分である。しかし、勝率40％の長期投資家の場合、予想損失に対する予想利益率が３以上でないと長期的に利益を出すことはできない（例えば、損失リスクの３ドルに対して予想利益は12ドルなど）。このように実際のトレードに当たっては、事前にその予想損益レシオを明確にしておくべきである。

　次にトレードする株数であるが、いつも同じ株数でトレードしたり、株価水準に応じて株数を変更するトレーダーがほとんどである。長期的なリターンを極大化しようとするならば、こうしたやり方はあまり勧められない。私は各トレードの損失リスクを常に一定に決めて、そ

れに基づいてトレードする株数を決めるようアドバイスしている。そのためにはストップと許容できる最大損失額を決めなければならない。こうした最大損失額はそのトレーダーのトレーディングプランから導き出され、そこから逆算してトレードする株数が決まる。

例えば、1回のトレードの許容損失額が300ドル、ストップに引っかかったときの予想損失額が50セントであるとすれば、トレードする株数は600株となる（300÷0.5＝600）。ボラティリティがかなり大きかったり、ストップでポジションを手仕舞うのが難しいような局面を除いて、こうしたルールはどのようなトレードでも順守すべきである。もっとも、こうしたルールはいろいろなトレード条件のほんのひとつにすぎないが、ストップと許容損失額、トレードする株数を決めないでトレードするのは絶対に避けなければならない。そしていったん出動すれば、今度はそのポジションの保有期間をはっきりと決める必要がある。

逆行局面の対処法

ポジションをオーバーナイトで保有することには長所と短所があるが、資産形成のためのスイングトレードやコアトレードではポジションを比較的長期にわたって保有することになる。これについても自分のトレーディングプランとそれに基づく適正な株数を順守することが大切である。こうして慎重なトレードを心掛ければ、損失リスクよりも利益の可能性が大きくなるが、それでもオーバーナイトのポジションには逆行するオープニングギャップというリスクが常につきまとう。

例えば、前日にXYZ株を30ドルで買い、ストップ（損切り）を置かなかったとしよう。そしてこの日の午前7時にXYZ社が翌四半期の予想利益を下方修正、CEO（最高経営責任者）の退任、粉飾決算の可能性などを発表したとすれば、XYZ株はほぼ99.99％の確率で大

幅に安くスタートするはずだ。例えば、ECN（電子コミュニケーション・ネットワーク）の時間外（寄り付き前）取引で26ドルで始まったあと、8時～9時半には26～25ドルで推移するだろう（時間外取引ではストップは有効ではないが、仮にGTCオーダーで28.50ドルにストップを置くことができたとしても、9時に25.10ドル前後で取引されていれば、あなたが望んでいた28.50ドルではとうてい手仕舞うことはできない）。

それならば、このような状況にどう対処したらよいのか。以下は私が提案するこうした逆行局面での対処法である。まず最初は、パニックに陥らないことである（明確な対処法を事前に想定していないかぎり、これはかなり難しいとは思うが……）。二番目には、時間外（寄り付き前）取引の状況は無視することである（ECNなどの8時～9時半の取引ではすべての株が売買されているわけではない。持ち株が下方ギャップを空けて寄り付けば、その後は不安定な状況が続くだろう）。三番目は、正規の取引所が9時半（東部標準時）に始まったら最初の5分間は静観することである。そしてこの寄り付きから5分間の安値の0.05～0.10ドル下に、半分のポジションのストップ（損切り）を置く。四番目には、寄り付きから30分が経過した時点で、この時間帯の安値の0.05～0.10ドル下に残り半分のポジションのストップを置く。もしも株価が寄り付き5分間の安値を割り込まなかったとすれば、いずれのストップポイントにも引っかからないですべてのポジションが維持されているはずだ。

下方ギャップを空けて寄り付いた最初の30分間の安値は、それ以降の数日間の安値になることが多い。この時間帯に既存の買いポジションがストップポイントに引っかからないとすれば、ここからの下げ余地はかなり小さい。ここから、1日だけのトレイリングストップを使ったスイングトレードに移行するか、それとも株価が直近の水準まで上昇したところで、当初のトレーディングプランに沿ったトレードを

するのかはそのトレーダーの自由である。以上の例は買いポジションが下方ギャップを空けて寄り付いたケースであるが、このルールは売りポジションが上方のオープニングギャップに遭ったときも同じである。こうした対処法は逆行局面で損失を最小限に抑えることに役立つだろう。

スイングトレードのいろいろな仕掛け法

　2～5日でポジションを手仕舞うスイングトレードは短期の動きをとらえようとするものであるが、わずか数日間でほぼ1年分のキャピタルゲインを得られることもある。株価は大きく上昇したすべての上げ分をよく帳消しにするので、何の手も打たない長期投資家はそうした動きをただ見守るだけ、下手をすると損失になることもある。われわれトレーダーは小さなリスクでトレードするため主に日足チャートを見ているが、1時間足のチャートを使うこともよくある。われわれが狙っているのは力強いトレンドを描いている株式、揉み合っていたり、またはそこからブレイクアウトした株式、大きく売られ過ぎた（または買われ過ぎた）株式などである。

　チャートで好みのパターンが見つかると、前日の高値を上抜いたところを買ったり、または前日の安値を下抜いたところを売ったりする。前日の高値や安値は支持線や抵抗線になっているので、株価がそれらの水準をブレイクするというのは相場の強さ（または弱さ）を示唆している。それらの水準を上抜けば買い・下抜けば売りのシグナルとなるが、こうした仕掛けのルールをクリアしないときはトレードを手控えるべきである。

　パートタイムでトレードしている人にとって、仕掛けの選択肢はそれほど多くはない。フルタイムの仕事を持っていたり、取引時間中に別の仕事をしている人は、証券会社に買いや売りのストップ注文を出

しておき、必要に応じて注文の値段を変えるしかない。これに対して、終日マーケットの動きを見ているフルタイムのトレーダーは、ギャップトレードを含むいろいろな仕掛けによってリスク・リワード・レシオを高めることができる。

　まず最初に、大きな上方ギャップを空けて寄り付いたときの状況を考えてみよう。大きな上方ギャップで始まったあとは多くの売り物が出るので、単に株価が予定の仕掛け値（前日の高値）を上抜いたというだけで買っていくのはあまり賢明ではない。この日の高値を買うという選択肢もある（以下で述べるように、このほうがベターな仕掛けとなることが多い）。平均的な株式で予定の仕掛け値（または前日の高値のどちらか高いほう）を50セント以上上回る上方ギャップは大きすぎるので買いは見送るべきだ。しかし、株価が寄り付き30分間にそれほど大きく上昇しないときは、この時間帯の高値を買っていくのもひとつの方法である。

　少し経験のあるトレーダーであれば、デイトレードも悪くはないだろう。例えば、上方ギャップを空けて寄り付いたあとに株価はよく反落し、寄り付き20～60分間は売り物が多い展開となり、前日の終値水準まで下げることがある。これが「ギャップを埋める」というもので、それから5分足でのプリスティーンの買いセットアップに従って買っていけば、リスクの小さな仕掛けとなるだろう。ときにはスイングトレードにゲリラトレードを取り入れるのも悪くはない。これはわずか1～2本の足の買いセットアップに基づく特殊なトレードであるが、それにはオープニングギャップのトレードも含まれる（図3.1を参照）。

　図3.1は、求職サイト大手のモンスター・ワールドワイドの日足チャートであるが、最後の足が下方ギャップとなっている。大きな陰線となったこの日の安値を待たないでこの状況に対処する方法は次の3つである。まず最初は、このギャップはいわゆる「弱気のギャップサプライズ（Bearish Gap Surprise）」と呼ばれるものなので直ちに売

第3章　トレードのマネジメント

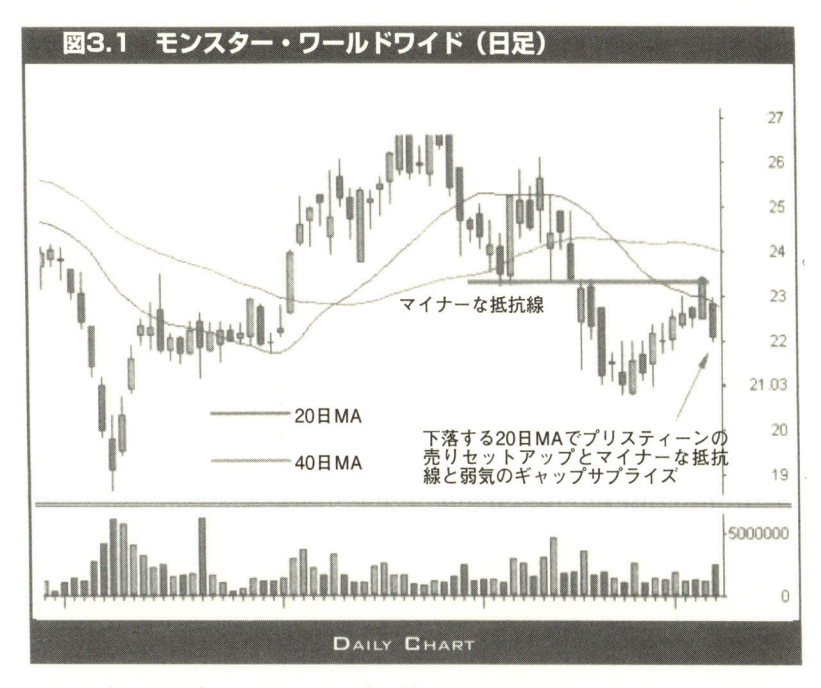

図3.1　モンスター・ワールドワイド（日足）

マイナーな抵抗線

—— 20日MA
—— 40日MA

下落する20日MAでプリスティーンの売りセットアップとマイナーな抵抗線と弱気のギャップサプライズ

DAILY CHART

To view charts in color go to: **www.traderslibrary.com/TLEcorner**

るか、最初の５分間の安値を売ってもよい。こうしたゲリラトレードのポジションの保有時間はかなり短く、このトレードは最終的には前日の安値よりも下でトレードされることになり、それをスイングトレードのポジションとして保有してもよい。この仕掛けは仕掛けのなかでもかなり早い部類に属する。

　このときに仕掛けられなかったときは、買ってみる方法もある。すなわち、前日の高値はかなり上にあるので、株価がこの水準に来るのを待って仕掛けるとすれば、ストップはかなり離れたところに置くことになり、リスク・リワード・レシオが小さくなりすぎてトレードすることはできなくなる。もし株価が上方ギャップを空けずに狙っている仕掛け値に来れば、30分ほど様子を見る。こうすれば、株価が前日

の高値を上抜くほどのモメンタムをまだ保持しているかどうかが分かるだろう。この仕掛け値（30分間の高値）は前日の高値ほど信頼できるものではないが、リスク・リワード・レシオを少しでも有利なものにするひとつの方法である。

　イントラデイ（日中）の株価やそのパターンを見ていると、これと類似する状況によく直面する。例えば、強い揉み合いとなったが、株価がまだ前日の高値水準を抜けないときはそこが仕掛け場のひとつとなる。しかし、一般にそうした仕掛けはスイングトレードではなく、スイングポジションを取るにはそれにふさわしい仕掛け場がある。それでもこうしたいろいろな仕掛けの選択肢は、少しでもリスク・リワード・レシオを有利にするひとつの方法となるだろう。

　図3.2はモンスター・ワールドワイドの1時間足チャートで、前の日足チャートにおける最後の足の翌日の状況を示したものである（長大陰線となった日足でストップポイントを探ってもリスク・リワード・レシオは不確実なので、そうしたときはイントラデイのチャートを見るとよい）。それによれば、下降する20期間移動平均線に向かって4本の戻り足が続き、前日の下げ分をいくらか埋めている。矢印のところが1時間足で見たプリスティーンの売りセットアップ（PSS）による売り場であり、ストップ（損切り）はこの小さな陰線の高値にかなりきつめに置く。

　以上のことをまとめると、自分の性格やトレーディングルールに合った仕掛けやトレード手法を選択し、自分のしていることをきちんと理解していることが大切である。放置しておいたほうがよいと思われるようなスイングトレードのポジションを、完璧を期してあれこれとオーバーマネジメントするデイトレーダーもいるからだ。また、リスク・リワード・レシオを高めるために日足チャートで見てストップポイントを移動するときは、勝率が下がるというトレードオフの関係になることも忘れないように。

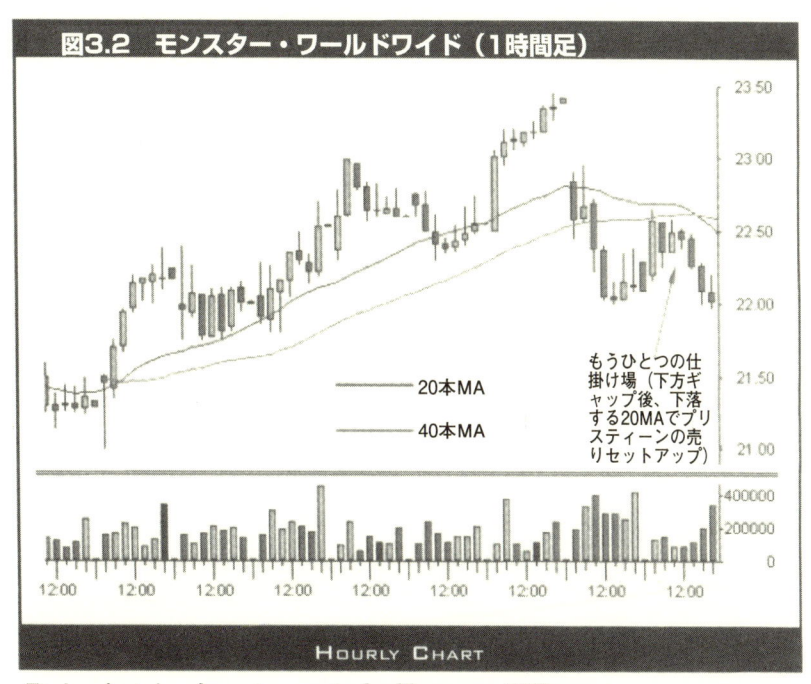

図3.2 モンスター・ワールドワイド（1時間足）

チャート内注記: もうひとつの仕掛け場（下方ギャップ後、下落する20MAでプリスティーンの売りセットアップ）

凡例: 20本MA／40本MA

HOURLY CHART

To view charts in color go to: www.traderslibrary.com/TLEcorner

リスク・リワード・レシオ

　以上で明確な戦術のルールに基づくトレードの一例がお分かりになったと思う。それならば、1時間ごとにそうしたトレードのチャンスがいくつか存在するとき、どのようにして最高のトレードを見極めたらよいのだろうか。当然のことながら、自分の最低基準をクリアするトレードがすべて同じわけではない。どのトレードチャンスを選ぶのかというときは、そのリスク・リワード・レシオを考慮する必要がある（「リスク・リワード・レシオ」とは、仕掛け値から利益目標と仕掛け値からストップ［損切り］までの値幅の比率を言う）。

　多くのトレーダーはこのリスク・リワード・レシオを一定（例えば、

図3.3　セラダイン

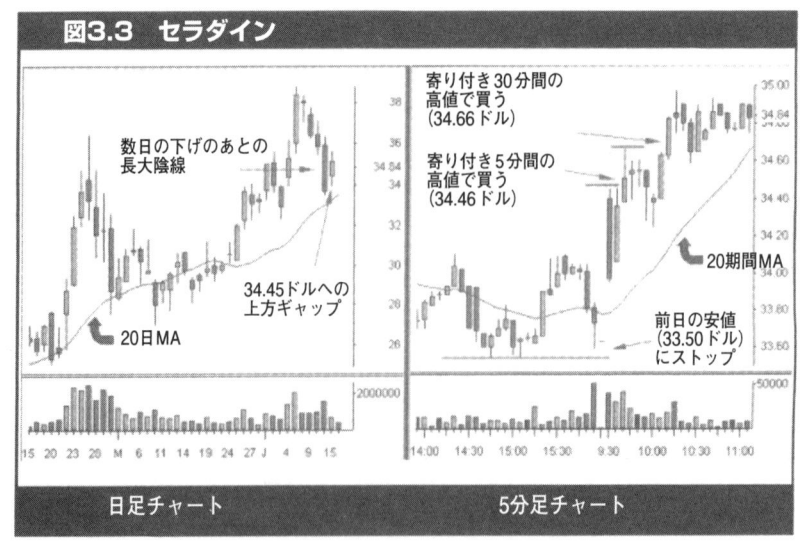

日足チャート：
- 数日の下げのあとの長大陰線
- 34.45ドルへの上方ギャップ
- 20日MA

5分足チャート：
- 寄り付き30分間の高値で買う（34.66ドル）
- 寄り付き5分間の高値で買う（34.46ドル）
- 20期間MA
- 前日の安値（33.50ドル）にストップ

To view charts in color go to: **www.traderslibrary.com/TLEcorner**

1対3以上）にしたいと望んでいるが、残念なことに予想利益率を大きくしようとすれば、それを実現できるトレードの回数は少なくなる。例えば、1対3は1対1のリスク・リワード・レシオよりもはるかに有利であるが、4回のトレードのうち1回しかそうしたリスク・リワード・レシオのトレードがないとすればその収支はマイナスとなる。1対1というリスク・リワード・レシオのトレードは1対3のトレードよりも実現するのが簡単であり、すべてのトレードのリスク・リワード・レシオをよく考えて、自分が達成できるリスク・リワード・レシオを一定にすることが大切である。そうすれば、小さいリスク・リワード・レシオのトレードでもそれを積み重ねることによって勝つ可能性が高まっていくだろう。

　図3.3は、高度セラミック製品メーカーのセラダインの日足チャートと、上方ギャップを空けたその最後の日の株価推移を示した5分足

第3章　トレードのマネジメント

図3.4　シナリオ1　5分間の高値で仕掛け、前日の安値にストップを置いたとき

寄り付き後5分間の高値	$34.46
前日の安値にストップを置く	$33.50
利益目標	$36.00
リスク	$0.96
リワード	$1.54
許容リスク額	$500.00
利益目標で利食いしたときのリターン	$802.08

図3.5　シナリオ2　5分間の高値で仕掛け、今日の安値にストップを置いたとき

寄り付き後5分間の高値	$34.46
今日の安値にストップを置く	$33.95
利益目標	$36.00
リスク	$0.51
リワード	$1.54
許容リスク額	$500.00
株数	980
ストップに引っかかったときの損失額	$500.00
利益目標で利食いしたときのリターン	$1,509.80

チャートである。そこには寄り付き後5分間の高値を上抜いたところの買い場と、前日の安値に置いたストップのところにマークが付いている。これはデイトレードのひとつの仕掛け場となるが、同じトレー

図3.6　シナリオ3　30分間の高値で仕掛け、前日の安値にストップを置いたとき	
寄り付き後30分間の高値	$34.66
前日の安値にストップを置く	$33.50
利益目標	$36.00
リスク	$1.16
リワード	$1.34
許容リスク額	$500.00
株数	431
ストップに引っかかったときの損失額	$500.00
利益目標で利食いしたときのリターン	$577.59

ドでもストップポイントや株数を変更すればリターンも大きく変わってくる。例えば、**図3.4～図3.5**はストップポイントを前日の安値（33.50ドル）から今日の安値（33.95ドル）に変更したとき、実現可能なリターンがどのように変わるのかを比較したものである。

これを見ると、これらのトレードが成功したとき、今日の安値にストップを置いたときのリターンは、前日の安値にストップを置いたときのほぼ2倍になっている。また、利益目標は同じであるが、損失リスクはほぼ半分になっている（これを逆に言うと、きつめのストップポイントに引っかかる確率はほぼ2倍である）。一方、**図3.6**は寄り付き後30分間の高値で仕掛けたときのケース（前日の安値にストップを置く）であり、利益目標額はそれほど変わらないものの、成功したときの少ないリターンから見て、はたしてこの仕掛けは正当化されるのかが問題である。

図3.7 セラダイン（1分足）

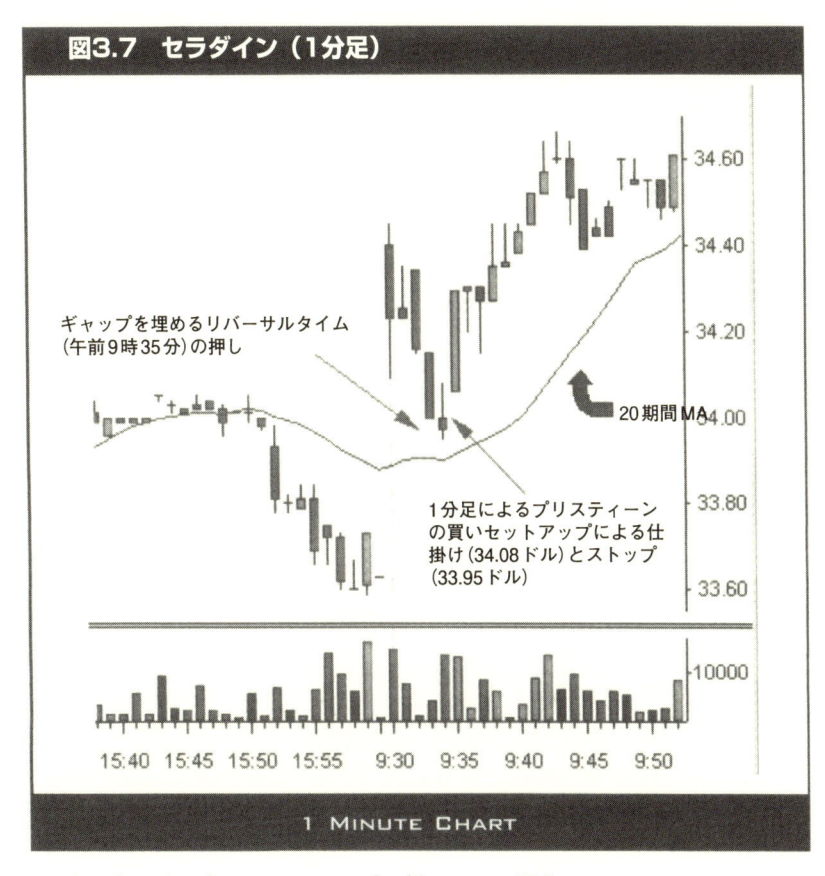

ギャップを埋めるリバーサルタイム
（午前9時35分）の押し

20期間MA

1分足によるプリスティーンの買いセットアップによる仕掛け（34.08ドル）とストップ（33.95ドル）

1 MINUTE CHART

To view charts in color go to: www.traderslibrary.com/TLEcorner

　次にセラダインの1分足チャートを示した**図3.7**を見てみよう。株価が支持線まで押したリバーサルタイムではプリスティーンの買いセットアップ（PBS。**付録A参照**）が出ている。**図3.8～図3.9**での仕掛け値はともに小さな陰線の高値を上抜いたところであるが、ストップは前日の安値または同じ足の安値（PBSの水準）に置いたときのケースである。このときの利益目標額はともに同じであるが、問題ははたしてここで仕掛けたあとに株価は大きく上昇していくのかどうか

図3.8　シナリオ4　1分足の高値で仕掛け、前日の安値にストップを置いたとき

PBSでの仕掛け	$34.08
前日の安値にストップを置く	$33.50
利益目標	$36.00
リスク	$0.58
リワード	$1.92
許容リスク額	$500.00
株数	862
ストップに引っかかったときの損失額	$500.00
利益目標で利食いしたときのリターン	$1,655.17

図3.9　シナリオ5　1分足の高値で仕掛け、同じ足の安値（PBSの水準）にストップを置いたとき

PBSでの仕掛け	$34.08
仕掛けた足の安値にストップを置く	$33.95
利益目標	$36.00
リスク	$0.13
リワード	$1.92
許容リスク額	$500.00
株数	3846
ストップに引っかかったときの損失額	$500.00
利益目標で利食いしたときのリターン	$7,384.62

ということである。つまり、例えば**図3.9**のトレードでは利益目標をクリアしたときのリターンはかなり大きいが、これほどきつめのストップに引っかからずに期待利益を手にできるのかが問題である。いずれにしても、こうしたいろいろな仕掛けのシナリオを想定することは、多様なトレードを試みる第一歩となるだろう。

利益目標をめぐる問題点

トレーディングの最も大きな問題点のひとつは、利益目標をめぐるものである。これはテクニカルな点（チャート上の適切な利益目標を見つける）でも、また心理的な点（株価が利益目標をクリアしたとき、ポジションをどのように処置したらよいのか）からもかなり難しい問題である。心理的な問題点のひとつは、利益目標の大切さそのものが理解できないことである。ストップ（損切り）を置かないとかなりリスクは大きいが、ストップを置く置かないはそのトレーダー自身が決めることである。

一方、利益目標を決めないトレーダーというのは、利益目標という難しい問題に正面から向き合わない人である（つまり、少し勝ちトレードが続くとそれで満足してしまうようなトレーダー）。そうしたトレーダーの大きな問題点は、勝ちトレードで積み上げたそれほど多くもない利益をわずか数回の負けトレードで帳消しすることである。したがって、自分のトレードをしっかりとフォローしていないと、利益目標の重要性に気づくこともない。まさにこれこそが多くのトレーダーの問題であり、以下ではこの利益目標について少し考えてみよう。

もしも株価がある水準をブレイクしても新高値を付けないとすれば、そこには何らかの抵抗線が存在する。ここで問題となるのは、供給が需要を上回っているのはどの価格帯なのかということである。そのためには、そのときのトレンドとブレイクアウトの特徴を分析し、株価

が試している抵抗線の性質を理解することである。まず最初はそのときのトレンドのパターンであるが、それぞれのパターンに応じた株価の勢いというものがある。例えば、力強い上昇（または下降）トレンドは簡単に供給帯（または需要帯）をブレイクするのでとても分かりやすい。上昇トレンドとは高値と安値を切り上げる展開で、長期の揉み合いから上放れ、いくつかの長大線を伴う上昇トレンドにはかなりのモメンタムがある。

次にブレイクアウトの特徴を分析すると、短期的な供給帯や需要帯をブレイクできるかどうかという株価の勢いが予測できる。例えば、何らかのサプライズを伴った株価は、そうした供給帯や需要帯を一気にブレイクするものである。株価が長期の揉み合いからギャップアップしたり、そのときのトレンドに逆行するプロフェッショナルギャップなどがそうである。

三番目には、異なる価格帯の抵抗線にはそれぞれ異なる意味があるということである。例えば、強いトレンドに逆行して形成されたピボットポイント（トレンドの方向が変わるときの起点）などは簡単にブレイクされるが、長期の揉み合いやダマシのブレイクアウトが見られるところは、需要と供給が最も混み合っている価格帯である。これを例えて言うならば、坂道を下って壁に突っ込む乗用車やトラックのようなものである。そのときの価格パターンは小型車や大型トラック、ブレイクアウトは走行スピード、利益目標は壁の種類に相当する。揉み合いを上抜いたあと元の上昇トレンド（または直近のピボットポイント）に戻るようなモーゲージギャップなどは、時速160キロで空箱を積み上げた壁に突っ込む大型トラックのようなものである。一方、下降トレンド途上の揉み合いをブレイクするような株価は、上り坂をやっと前進してレンガの壁に向かう小型車に相当する。

図3.10はアップルコンピュータの５分足チャートであるが、きれいな上昇トレンド、上方ギャップ、少ない供給をこなして高値を追う

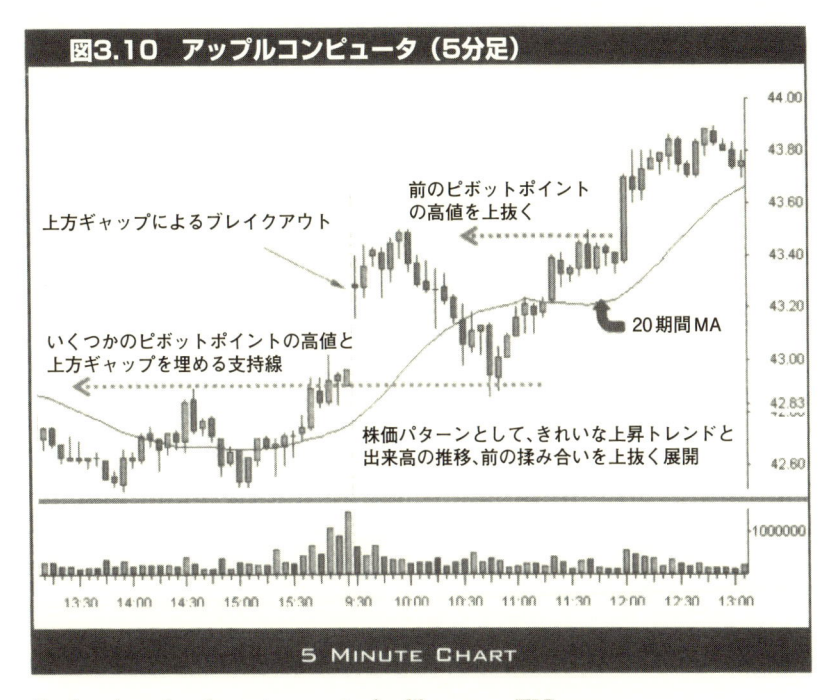

図3.10　アップルコンピュータ（5分足）

- 上方ギャップによるブレイクアウト
- 前のピボットポイントの高値を上抜く
- いくつかのピボットポイントの高値と上方ギャップを埋める支持線
- 20期間MA
- 株価パターンとして、きれいな上昇トレンドと出来高の推移、前の揉み合いを上抜く展開

5 MINUTE CHART

To view charts in color go to: www.traderslibrary.com/TLEcorner

株価のモメンタムなどが見て取れる。このチャートを見ると、株価は一段の高値を付ける前に押しているが、この押し目ではどれほどの売り物が出て、株価はそれをこなしてどれだけ値を保つかがその後の方向を占うカギとなる（この5分足チャートには次の利益目標は示されていない）。

　一方、**図3.11**は、大手スーパーマーケットチェーンのアルバートソンズの週足チャートであるが、ここからはモメンタムのある下降トレンド（大型トラック）や失敗に終わった強気の足などが見られる。長期の揉み合いを下抜いた（下げのスピードがついた）ところは絶好の売り場である。はたして最初の利益目標を下抜いた株価は、次の利益目標まで下げるのだろうか。結論から言えば、この株価は段ボー

図3.11　アルバートソンズ（週足）

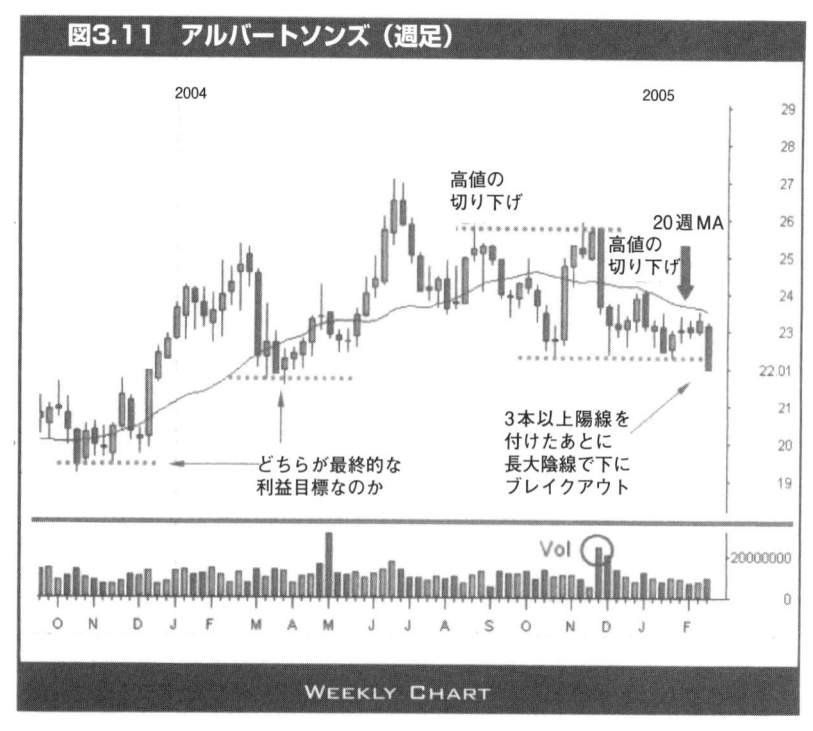

To view charts in color go to: **www.traderslibrary.com/TLEcorner**

ル箱の壁に突っ込む時速160キロの大型トラックのようなものなので、次の利益目標まで下落するのはほぼ確実である。ともあれ、どれほど詳しくチャートを分析しても、ひとつだけの利益目標を設定し、それを達成しようというのはかなり無理がある。上手なトレーダーは2～3以上のロジカルな利益目標を設定し、徐々にポジションを手仕舞っていく。次に手仕舞いと同じく重要な仕掛けについて検討していこう。

タイムリーな仕掛け

　これまでは利益を伸ばすタイムリーな手仕舞いの重要性について述

図3.12 eFunds（5分足）

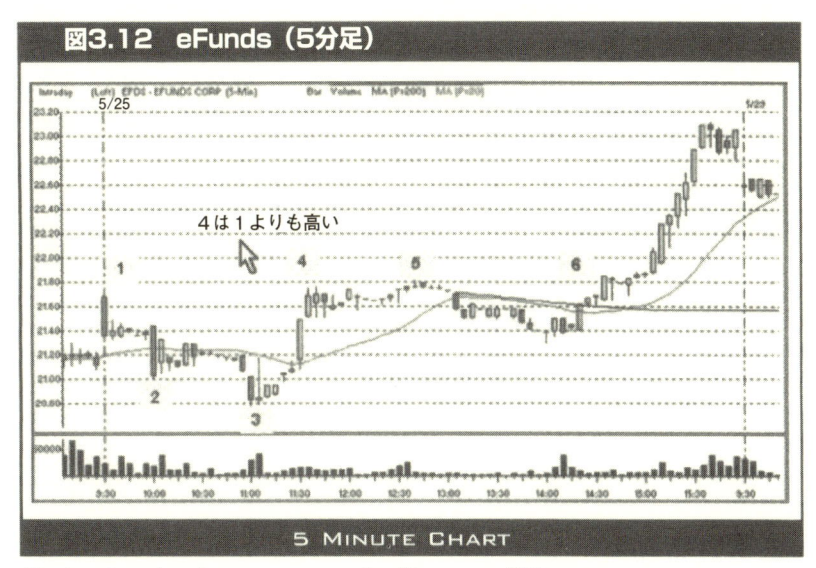

4は1よりも高い

5 MINUTE CHART

To view charts in color go to: www.traderslibrary.com/TLEcorner

べてきたが、以下ではトレーディングのもうひとつの重要なプロセスであるタイムリーな仕掛けについて検討していく。チャートパターンや株価の動きを見て出動しようと決めたとき、次の重要なステップが仕掛けとなるからだ。しかし、これは口で言うほど簡単ではない。例えば、株価がある価格帯を上抜いた（下抜いた）ときに買う（売る）とはいっても、それにはいろいろなルールがある。その一例を電子取引サービス大手のeFundsの5分足チャート（図3.12）を使って説明していこう。

図3.12は2001年5月25日のeFundsの5分足チャートであるが、前日（24日）の終値は21.11ドル、前日の高値は21.50ドル、この日（25日）の始値は21.68ドルとなっている。日足チャートのプリスティーンの買いセットアップ（PBS）に従えば、前日の高値（21.50ドル）を上抜いたところが買い場となる。この5分足チャートを見ると、ポイン

89

トとなる６つの価格があるが、はたしてどこで買い出動したらよいのだろうか。

　最初の仕掛けポイントである１では、前日の終値から57セントもの上方ギャップを空けて寄り付き、仕掛け値の21.50ドルを上回ったことから、日足のPBSに従って、ここで買っていくべきなのか。そこでこのギャップについて少し分析してみよう。経験則によれば、平均的な株式の８分の５ドル（62.5セント）を超えるギャップは大きすぎて仕掛けの条件とはならない。この上方ギャップはそれよりは小さいが、賢明なトレーダーであればここでは買わないだろう。その理由は、高値で寄り付いた株価はそれ以降に急反落しているからである。買いはいつでも株価が上昇しているとき（例えば、30秒高値を付けたあとでも）であるが、ここでは５分後にはもう大きく反落している。

　２は午前10時のリバーサルタイムの安値であるが、日足チャートの支持線まで押してもプリスティーンの買いセットアップとはならない。早めの買いを狙っているトレーダーにとって、上昇トレンドの株価が支持線まで押したところは仕掛けてもよいが、この時間帯の株価は下降トレンドにある。

　３で新安値を付け、５分足チャートで見ると明らかに下降トレンドである。結果的にこの日の安値となったが、やはり上手なトレーダーは底値圏では買わないものである。それ以降に急反発したところの４はそのときまでの今日の高値となり、多くのトレーダーにとって格好の買い場と映る。上方ギャップを空けて寄り付いたあとに押し、寄り付き後30分間の高値を更新したところは有効な買い場となるからだ。この時間帯の高値は21.68ドルであるが、やはりここで買っていくのも賢明ではないだろう。その理由は、この高値を付けるまでの株価の足取りを見るとそれが分かる。株価はこの日の安値から21.00ドルという大きな節目をクリアしてこの水準に到達するまで30分を要している。望ましいのは揉み合いから大引けにかけて高値を付けたり、大引

けに向かって高値と安値を切り上げていくような展開である。例えば、すでに37キロも走ったマラソンランナーに別のレースに出てくれといったら即座に断られるだろう。彼にとって今必要なのは休息である。これと同じように、ここは静観して株価がこの日の新高値を付けるか、または適当な押し目を狙うべきであろう。

　5はこの日の新高値局面で押し目もないが、やはりここもパスするのが賢明であろう。その理由は、この12時45分というのはランチタイムの時間帯であるからだ。この時間にはブレイクアウトもよくダマシに終わるので、このランチタイムを過ぎたあとの押し目や新高値を狙ったほうがよい。

　最後の6は午後2時40分にこの日の新高値を付けて、22.80ドル以上になったが、ここが最高の買い場となったことが分かる。それ以前のどのポイントで買い出動しても、それ以降にすべてストップに引っかかってしまうだろう。取り損なった利益は失ったお金よりも悔しいものである。タイムリーな仕掛けには大きな忍耐が求められることをどうか忘れないでほしい。

Lessons on Psychology in Trading & Planning

第4章 トレードとトレーディングプランにおける心の問題

恐怖心

あなたは毎朝、日足チャートで前日のプリスティーンの買いセットアップ（PBS。**付録A参照**）や時間外（寄り付き前）取引の株価を確認するなど、万全の態勢でトレードに臨んでいるだろう。その日は、買いの仕掛け値である前日の高値よりわずかに安く寄り付いたあと、ジリジリと値を上げて仕掛け値に近づいてきた。しかし、午前10時のリバーサルタイムには横ばいの動きになったあと、10時10分には株価指数先物の上昇に支援されて再び出来高が増えてきた。一時の売りも収まり、タイムリーな買い時のように思われた。売り物はほとんど出なくなったが、さらに念を期すためにもう少し様子を見ようと決めた。それから少し押したので、あなたは「待ってよかった」と思った。しかし、それ以降に再び上向くなど株価は少し不安定になってきた。あなたは売り物が出て下げたところで買おうと思ったが、値動きが速く、結局株価は大きく上昇してしまった。あとになって見ると、そこが大きなチャンスだった。一体、何が間違っていたんだろう。

この日の後半になって、今度は別の株式を35.35ドルを上抜いたところで買い、35ドルにストップ（損切り）を置き、利益目標は35.90ドルと決めた。今度は35.39ドルでタイムリーに買ったあと、株価は

35.55ドルまで上昇した。ここであなたは今利益を確定したほうがよいのか、それとも株価が利益目標に達するのを待つべきかと迷い始める。そうこうするうちに株価は買値まで下落し、その動きが速すぎて利食いできなかった。結局、35.30ドルで損切りした。ストップポイントまでは下げなかったが、それ以上損失を出したくなかったからだ。しかし、皮肉なことにそれ以降に株価は利益目標値まで上昇し、またもやあなたは利益の取り損ないと小幅な損切りという結果に終わってしまった。一体、あなたに何があったのか。

　それらはいずれも恐怖心の成せるわざである。これからも分かるように、人間の心理はトレーディングの85％を左右し、そのひとつがこの恐怖心である。われわれトレーダーはだれでも、恐怖心や貪欲さなどの感情を排し、高度な規律に基づいたトレードをしたいと思っている。これはすべてのトレーダーの理想であるが、現実にはこのレベルに達するトレーダーはほとんどいない。こうした恐怖心を完全になくすのは容易なことではないが、少なくともそれを抑えることはできる。これがこの章のテーマであり、以下はそのための私からのアドバイスである。

１．恐怖心の最大の敵は、完璧すぎるトレーディングプランである。すなわち、トレード戦略や株数、各トレードの許容損失額などをきっちりと決めたトレーディングプランである（しかし、トレーディングプランの重要性についてはあとで詳しく述べる）。
２．しかし、トレードのプランを立てることは大切である。自分のトレーディングプランに見合ったトレードチャンスが来たら、タイムリーな仕掛け値はもとより、適切なストップポイントや利益目標を決定する。さらに無理のない適切な株数であれば、ストップポイントに引っかかっても最大許容損失額には達しないだろう。頭が冷静なときにそれらを決めたら、迷うことなくプランどおり

にトレードを実行すべきだ。
3．これは最も重要なことであるが、トレーディングプランを実行するときには必ず区切りをつけることである。予想外の事態が起こらないかぎり、利益目標値やストップポイントでポジションを手仕舞ったほうがよい。冷静なときに立てたトレーディングプランとは、そのトレードが大切なお金を賭けるに値するものだと思ったからであろう。いずれにせよ、トレードでは必ず区切りをつける。
4．早めにポジションを手仕舞ってしまう原因はいくつか考えられる。そのひとつはマーケット環境の変化であろう。例えば、買いポジションが先物高でサポートされていたり、リバーサルタイムに利益目標値をクリアしたなどであるが、こうしたことはいわば外部要因であり、大切なことは自ら決断することである。そのためには外部環境の変化にあまり左右されずに、チャートパターンをよく見ることである。
5．もしも神経質になり、そうしたことができないときは、無理のない利益目標値でポジションの半分を手仕舞ってみよう。小さな利益でも確定してみると、残りのポジションを最終的な利益目標値まで保有することに自信が持てるようになる。上手なトレーダーは少しずつポジションを手仕舞っていくものである。
6．これもできないときは、トレードする株数を減らしてみよう。こうすれば、ストップ（損切り）に引っかかったときの損失額も少なくなるので、損切りに伴う心の痛みも軽減する。
7．以上のことを実行していけば、ポジションを保有する自信もついていくだろう。

もう一度繰り返すが、恐怖心の最大の敵は完璧すぎるトレーディングプランと自信のなさである。トレーダーのなかには２人の人間がいる。そのひとりはトレーディングプランを作成する「プランナー」、

もうひとりはそのプランを実行する「執行者」である。しかし、くれぐれも執行者にプランナーよりも大きな権限を与えてはならない。

成功のカギはトレーディングプラン

「プランを立てることができないというのは、失敗するプランを立てていることである」という言葉があるが、これはわれわれの人生のみならず、とりわけトレーディングによく当てはまる。トレーディングプランの重要性についてはこれまで何回も指摘したが、以下ではなぜトレーディングプランを立てなければならないのかについて述べていく。多くのトレーダーはきちんとしたトレーディングプランを持っていない。彼らはトレーディングプランを立てることの重要性を頭では知っていても、それをきちんと実行するトレーダーはかなり少ない。

あなたは毎日のトレードに臨むとき、具体的なトレード戦略を立てているだろうか。トレードする銘柄、仕掛け値、利益目標、各トレードの最大許容損失額など、具体的なルールをきちんと決めているだろうか。このほか、トレーディングプランには株価が利益目標値に達したときのポジションの処置、予想損切り額、3～5回の勝ちトレードが続いたあとの行動なども含まれる。

毎日のトレードをなんとなく繰り返しているトレーダーも少なくない。その日のトレードをやめる最大許容損失額を決めておかないと、いくらお金があっても足りなくなる。多くのトレーダーは自分で立てたトレード戦略を実行するというよりは、ほかの人のアイデアをちゃっかりとまねている。あなたがこうしたトレーダーに該当しないことを望むが、もしも大いに心当たりがあるならば、以下のことをしっかりと頭に入れておいてほしい。

人間の心というものは文字で書いたものに強く反応する。われわれが手やパソコンで何かを書くとき、漠然と考えているときとは別の脳

の領域を活性化している。トレーディングプランを文字に書くことの大切さはここにある。われわれはすべての感情を排したトレーダーになりたいと思っているが、そのためには既述したように、自分のなかに２人の役割者を持つ必要がある。そのひとりはプランナーで、その日のトレードについて、仕掛け値、ストップポイント、利益目標などを含むトレーディングプランを具体的に立てる（書く）。もうひとりは執行者で、その内容を変更する権限はなく、そのプランを実行するのが唯一の仕事である。

もしもトレードはうまくいっているのに利益が出ないとすれば、その原因のひとつはおそらく自分のなかの執行者がプランナーの立てたトレーディングプランを勝手に変更しているからである。つまり、ストップポイントや利益目標に達しないうちにポジションを手仕舞ったり、株価がストップポイントを超えてもそのままポジションを保有している――などである。

トレーディングプランには少なくとも次の４つのポイントがある。まず最初は、株価に応じた最大のポジションサイズを決めておくことである。例えば、トレードする最大価格の銘柄は30～40ドル台、次は20～30ドル台の銘柄と具体的に書き、いったん決めたトレードの上限株価はきちんと順守する。

次はトレードの金額に関するもので、具体的には各トレードと１日の許容損失額、１日と１週間の利益目標、その利益目標をクリアしたときの行動（ポジションを手仕舞う、またはトレイリングストップを入れる）などで、これらについても規律を持って順守する。特に各トレードのリスク金額とそこから算出したポジションサイズ（株数）やストップによる損失額は、事前に決めた上限を超えてはならない。

三番目のポイントは、その日のトレード戦略を具体的に書くことである。初心者であれば、その日にトレードする１～２銘柄を書いておく。このほか、仕掛けの具体的な条件、株価の動き、トレードする時

間、トレードを見送る条件、成功したトレードのフォローなどについても明記しておけば、その結果は単に考えているだけとはまったく違うものになる。

　そして最後は、トレーダーとしての最終的な目標である。学び続けることは大切であり、具体的にはオプションについても勉強する、いろいろな株式トレードセミナーに参加する、読みたい本をリストアップする、トレードの合間にリラックスする方法を考える――などである。トレーディングプランを立て、それを実行すれば、その効果はすぐに表れる。そうすれば、頭も冷静になり、ストレスも少なくなる。トレーディングというビジネスにもきちんとしたビジネスプランが必要であり、プランのないトレードはあり得ない。

規律

　トレーディングプランを実行するには規律が必要である。以下では規律をめぐる心の問題について述べていくが、規律とはチャートやトレーディングプランなどとは違って、いわばつかみどころのないものである。しかし、ここではトレーディングの目的上、規律とは単にトレーディングプランを実行する能力と定義する。また、ここではトレーディングプランを自分が実行したいトレード、株式をトレードする時期、ポジションや資金のマネジメントの方法、勝ち・負けトレードの対処法（トレイリングストップを入れる、ストップの位置を変更する）などを明記したプランと簡単に定義する。

　こうしたプランを立てたら、次はいくつかのルールを決める（日中はいったん立てたプランを変更しない、変更を加えるのはマーケットがクローズしたあとだけ――など）。そうしたルールを設けないと、トレーディングプランなどないも同然である。そして少なくとも１カ月間は、毎日トレードする前と週末にそれを読んでみる。規律を向上

させる最高の方法とは、自らの自覚を高めることである。そのためには、トレードするときに「このトレードはトレーディングプランにのっとっているか」と自問してみる。規律のないトレーダーは必ず失敗するので、「規律のあるトレードをしているか。それともその場かぎりのランダムなトレードをしているのか」と毎日自問自答してみよう。自分が規律ある行動をしていないことに気づかないと何も変わらないので、とにかく自分でその自覚を促すことである。

既述したように、われわれ人間の心理はトレーディングの85％を左右するが、その中心となるのがこの規律である。それはトレーディングのすべてのプロセスを左右する。トレーディングプランやルールを順守できない原因は文字で表さないか、または書いたプランを実行しないかのどちらかである。これについては、ジェームズ・ロジャーズの次の言葉が参考になる。「私はお金が目の前に来るまでひたすら待ち続け、ようやくやって来たら手を伸ばしてそれを取るだけだ。それまでは何もしない。つまり、ガツガツとトレードするのではなく、忍の一字に徹するのである。やらずにはいられないトレードのチャンスが来るまでひたすら待つことによって、大きな勝機をつかむのである」

トレーダーの資質とは

「自分の最も優れた能力がときとして自分をダメにする」という言葉があるが、これはある意味では本当である。トレーディングとは多くの点で日常生活とは異なる世界である。ほかの分野で成功した多くの人々がこの世界に入ってくるが、トレードするにはまずはお金が必要である。それらの原資は主にほかの仕事で得たお金であるが、問題はこの世界がほかのビジネスの世界とは大きく異なっていること、もっと具体的に言うと、人生のほかの分野で習得した技術や職業観はこの世界ではまったく役に立たない、いやむしろ害になることである。

例えば、医者がトレードをするとストップポイントに達するたびにナンピンするが、上手なトレーダーは絶対にナンピンはしない。医者にとっては職業柄こうした行動が頭にインプットされており、彼の考えは「患者を救うこと」という一点に向けられているので、どれほどのコストや犠牲を払ってもこれをやり抜くのが彼らの仕事である。一方、トレーディングではむしろ「病気（逆行）の最初の兆候が見えたら、その患者（ポジション）を直ちに見捨てる」ことが求められる。

次は弁護士のケースを考えてみよう。有利な判決を引き出すことが仕事である弁護士は、買った株式が下落するとそれを正当化するための口実を考える。例えば、「好材料があり、ファンダメンタルズも良好なので、この下げはマーケットメーカーのふるい落としだな」などと、負け銘柄を保有するためのいろいろな理由を探し求める。一方、ビジネスパーソンは一生懸命働くことによって成功を手にする。しかし、トレーディングでは一生懸命トレードしたからといってそれだけ報われるわけではない。また、数字のプロである会計士は顧客企業を赤字にすることはできないので、トレードでは損切りのストップは置かないかもしれない。

プロスポーツ選手にとって、負けることは大きなマイナスであるが、トレーディングにおいて損失は避けられない。同じく負けるにしても、小さな損失でうまく負けることである。トレーダーにとって大切なことは、１回も損失を出さないことではなく、ある一定の期間のトレードで利益を上げることである。アスリートにとって負けることは許されず、どんな犠牲を払ってもそれだけは避けなければならない。

トレーダーにとって重要なことは、トレーディングのすべてのプロセスを理解することである。そのためには、それを知っている人から学んだり、学習したことを応用する能力が求められる。具体的にはトレーディングプランを立て、状況に応じてそれを調整したり、何らかの結果が出るまでそれを実行する。そうしたステップを繰り返してい

けば、間違いも少なくなり、いろいろな局面にもフレキシブルに対処できるだろう。これについては、カルビン・クーリッジ（第30代米大統領）の次の言葉が参考になるだろう。「この世界では忍耐に勝るものはない。能力のある人が必ずしも成功するわけではないし、天才が常に勝利するわけでもない。高度な教育があっても落後する者はいる。しかし、忍耐力と強い意志は全能である。人類のいろいろな困難を解決し、これからも解決していくのは前進あるのみという強い意志である」

正しいトレードの条件とは

　トレードを始めたばかりの初心者の頭のなかは、ほかの人から学んだいろいろな知識でいっぱいである。自分流のトレード手法を確立するには多くの本を読んだり、インターネットの投資サイトにアクセスしたり、または株式トレードセミナーやメンターなどからいろいろな知識を吸収しなければならない。そうしたプロセスを経て初めて、習得した知識の総体としてのトレーダーが確立される。メンターのやり方をいくらまねても、そのメンターのようにはなれないし、あなたはあなたでしかない。

　同じトレーダーはひとりとしていないが、成功している多くのトレーダーにはいくつかの共通した特徴がある。それはトレーディングプランの大切さ、ストップの大切さ、規律の重要性などを知っていることであるが、そうした正しいトレードの条件を理解するには長い時間がかかる。こうしたことは単純なことであるが、多くのトレーダーはこのことがよく分かっていない。トレーディングで成功するには、株価の行く方向を正確に予測することだと思われているが、これは成功する条件のひとつにすぎない。

　多くのトレーダーは完璧なトレードを目指しているが、これは間違

っている。トレーディングの世界にはいつも正確な結果が出るシステムやトレード手法、株価のパターンなどは存在しない。そうしたものがあるとすれば、すべてのトレーダーがそれを使うので、負ける者などいなくなってしまうはずだ。この世界には完璧なトレーディングシステムや指標などは存在しない。われわれができることといったら、いろいろな局面のチャートを分析し、データを集め、タイムリーなときにタイムリーに行動することによって優位性を味方につけることだけである。とりわけ重要なことは、トレーダーが正しい（または間違った）トレードをしているとき、それをよく理解しているかどうかである。トレーダーが失敗する大きな原因は、①ストップをきちんと順守していない、②勝ち銘柄の利益を伸ばさない――などである。

　ストップを順守しないというのは、トレーダーが間違ったトレードをしたとき、その状況に適切に対処していないことである。また、利益目標値までポジションを保有しないというのは、トレーダーが正しいトレードをしているのに、その状況に適切に対処していないことである。優れたトレーダーはトレードには失敗が付き物であることをよく知っている。彼らはリスクにさらす金額や手仕舞い時はもとより、株価が逆行する不利な状況にうまく対処する方法も知っている。

　上手なトレーダーは正しいトレードとタイムリーなトレードのバランスの取り方も知っている。私はかつてダウ平均の暴落を予測したという投資顧問業者を知っているが、その予測はダウ平均が6000ドルの高値を付けた直後に出されたものだった。また、ナスダックはその日の高値をブレイクしたので一段高になると予測するトレーダーもいるが、問題はそうした上昇相場からどのように利益を引き出すのかである。相場の先行きをいくら正確に予測しても、実際に利益を上げなければ何の意味もない。

　正しいトレードも結構であるが、勝ちトレードの平均利益が負けトレードの平均損失の３倍あれば、勝率がわずか25％でも損失とはなら

ない。トレーディングとは厳密な科学ではないし、ある意味でトレーディングとは人間の心理を読むものであり、間違ったトレードが多いときはその原因を究明することが大切である。すなわち、勝ち銘柄と負け銘柄をどのように処置しているかなどについて、多くのデータを収集して体系的かつ客観的に分析し、その結果を優位性のあるトレードにつなげることである。

トレーダーの４つのレベル段階

　以下で述べるトレーダーの４つのレベル段階はそれほど目新しいものではないが、知っておいてけっして損はないだろう。まず最初は、トレーディングのような新しいスキルを学び始めたときで、**自分の無能力を知らない**段階である。すなわち、トレーディングについて何の知識もなく、さらには自分がそうした知識を持っていないということさえも分からない状態である。この段階のトレーダーは当然のことながらすぐに失敗し、しょっちゅうフラストレーションがたまっている。トレーディングソフトなどの使い方を覚えようとするが、すぐにギブアップしてしまう。こうした段階から一歩を踏み出すとフラストレーションは少なくなるが、初心者のトレーダーのなかにはトレーディングなんて簡単なものでそれほど勉強する必要はないと思っている人もいる。そうした人々は資金が尽きたり、またはプレッシャーに押しつぶされて早々とこの世界から退場していく。

　次は**自分の無能力が分かる**ようになった段階で、そうしたトレーダーはメンターなどのサポートが必要であること、成功していた以前の職業のスキルや技術などはこの世界では何の役にも立たないことが分かってくる。つまり、何回かの失敗を通して自分がトレーディングについては何も知らないことを痛感する。わずか数日のトレードでこの段階に達する者もいれば、永遠に到達しない者もいる。

三番目は**自分の能力が分かってきた**段階で、トレーディングのスキルを学びながらレベルアップしているときである。具体的にはトレード手法、マネーマネジメント、規律、トレーディングの心理、仕掛けと手仕舞い法など学んでいる時期で、トレーディングで成功するとはどういうことなのかが分かり始めるときである。この時期は人によって大きく異なり、成功したトレーダーにとってもこの段階は永久に続くものである。このころになるとトレーディングの成功が意識できるようになり、トレーディングプランの必要性もよく分かってくる。「**自分の能力が分かる**」というのは、自分の能力を成功につなげるために、トレーディングのすべてのステップを意識的に考えられるということである。

　この段階に到達するトレーダーはそれほど多くはない。ある程度トレードがうまくできるようになると、多くのトレーダーは考えることをやめてしまう。しかし、いろいろな問題に直面するとそれまでの成功は単なる幸運の結果だったことを理解し始める。ここに来てようやく心の問題と向き合うことになり、これまで学んだことを実行する必要性、すなわちトレーディングプランを立て、それを忠実に実行しなければ、この世界で成功できないことが分かるようになる。

　最後の四番目のレベルとは、トレーディングというものを真にマスターした段階、すなわち**意識しないでトレードできる**段階である。もはやトレーディングのスキルは第二の天性となり、頭で考えなくても体が自然に動くようになる。これはタイガー・ウッズなど一流のプロアスリートに見られる特性である。しかし、果たしてトレーディングのこの段階にだれでも到達できるのだろうか。不可能なことではないが、できるのはほんの一握りのトレーダーだけである。この段階のトレーダーは規律というものが骨の髄まで染み込んでいるので、ほとんど無意識にトレーディングプランを実行することができる。どのようなトレードをするときでも（予想外の局面に直面しても）、考えたり

迷ったりすることなく、自然にポジションを処置することができる。

このように書いてくるとあなたは少しびびるかもしれないが、そのような必要はない。最後の第四の段階に到達しなくても、十分にトレーディングで成功することができるからだ。成功している多くのトレーダーのレベルもせいぜい第三段階である。しかし、もしも彼らがそのことを自覚し、さらなるレベルアップを目指すならば、その上の段階に達することは十分に可能である。

投資家の不安指数

例えば、日足チャートで絶好の買い場と思われるような押し目が形成されたとき、強気筋は真っ先に買い、弱気筋は売りポジションを買い戻したり、または「これは単なるテクニカルな下げだな」と思うトレーダーもいるだろう。私は多くの時間をかけてこうした局面をテクニカル的に分析してきたが、これは本当に押し目なのか、ここが本当に支持線なのか、この上昇トレンドはまだ続くのか、それともすでに下降トレンドに入っているのか——という基本的な疑問に完全に答えられる解答はまだ見つかっていない。そしてこうした局面が有望な買い場となるのかについて、日足や週足チャートが必ずしも明確な答えを出してくれるわけではない。以下ではこうしたときに投資家の不安指数を使って判断するひとつの方法を紹介しよう。

これはプットオプション（売る権利）の未決済ポジションを反映した指数で、プットとは、例えばナスダックなどの原証券が下がればそれだけ利益が増えるオプションのことである。この指数は大衆投資家のプットの買いが多くなると株価はまもなく反転上昇する可能性がある「リバースサイコロジー（Reverse Psychology）＝大衆は常に間違う」という逆張り手法である。その根拠は多くの一般投資家がプットを買って総弱気になれば、もはや株式を売る人はいなくなるという

ものである。これを逆に言うと、投資家がまだ弱気にならず、彼らのプットの買いが少ないというのは、売却する株式がまだ多く、株価の一段安の可能性がまだ残されていることを意味する。そのひとつの指数はシカゴ・オプション取引所（CBOE）が公表している「マーケット・ボラティリティ・インデックス（この「VIX指数」は別名「恐怖心理指数」とも呼ばれる）」で、もうひとつは「プット・コール・レシオ」である。

　図4.1のナスダック総合指数の日足チャートを見ると、プリスティーンの買いセットアップ（PBS。**付録A**参照）が出た2（2月8日）は、はたして本当に買い場となるのだろうか。ここは前年9月の安値から直近1月の高値まで上げたあとに半値押しのところで、絶好の押し目買いのチャンスにも見える。1の横線は下方ギャップを埋めた支持線で、ここから4本の戻りが見られる。ここでもコアトレードとして買っていきたいところであるが、**図4.2〜図4.3**のオプション指数を見ると買ってはならないことがよく分かる。

　VIX指数と株価は逆相関の関係にあり、投資家の楽観と悲観の度合いを表す指標として利用される。それを見ると、**図4.1**の矢印2（2月8日）の安値は**図4.2**のVIX指数の高値となっている。これは一般投資家がまだ総悲観になっておらず、依然として持ち株を保有していることを意味している。したがって、ここはコアトレードの買い場とはならない。一方、このときのプット・コール・レシオを見ると狭いレンジで終始している。このレシオが1.000を超えると投資家は弱気となる、すなわち今後株価は下落すると考える投資家が多いことを意味する（2月8日の同レシオは0.700〜0.800）。

　この2つの指数が示唆していることをまとめると、この日のナスダックの日足チャートでは絶好の買い場と思われるが、多くの投資家はまだ株を売っていない。彼らは強気で売るべき株を保有している。この時点の買いと出来高が少ないことを見てもまだ売り物はあまり出て

図4.1　ナスダック総合指数（日足）

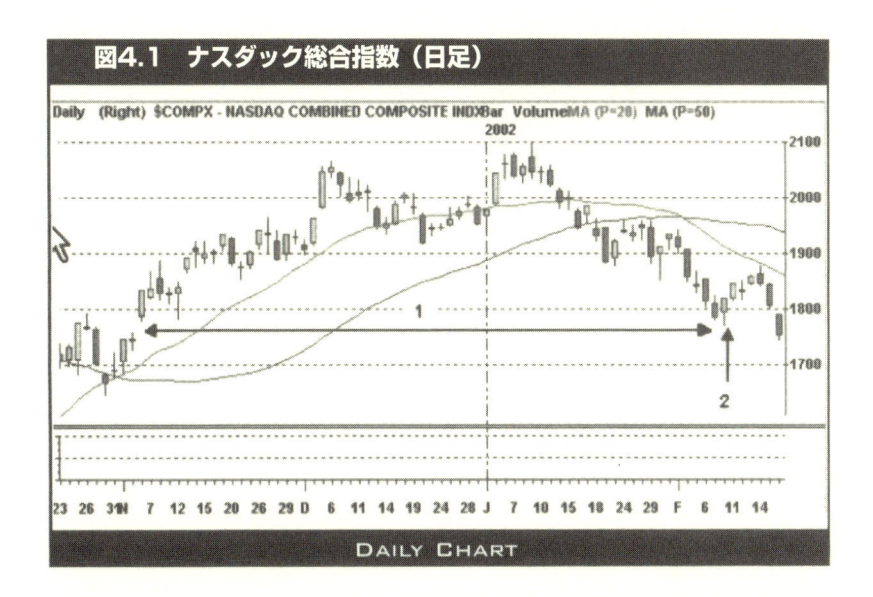

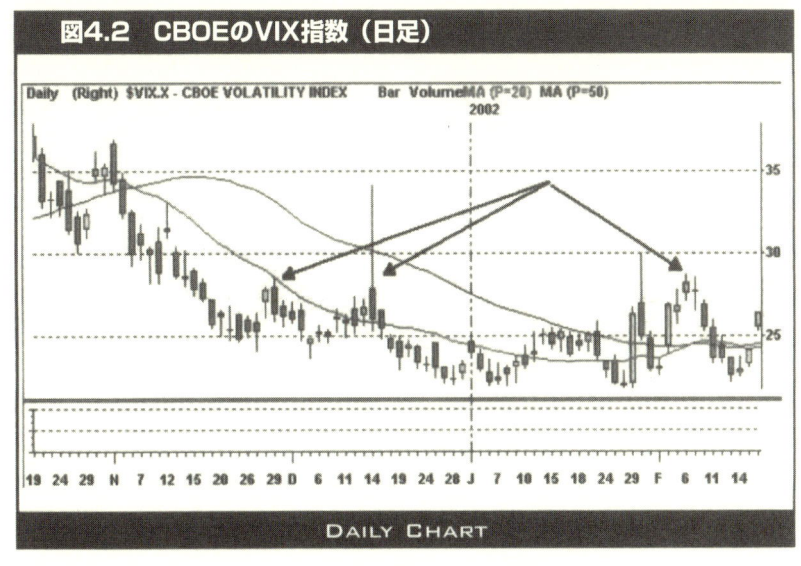

図4.2　CBOEのVIX指数（日足）

To view charts in color go to: **www.traderslibrary.com/TLEcorner**

図4.3　CBOEのプット・コール・レシオ（日足）

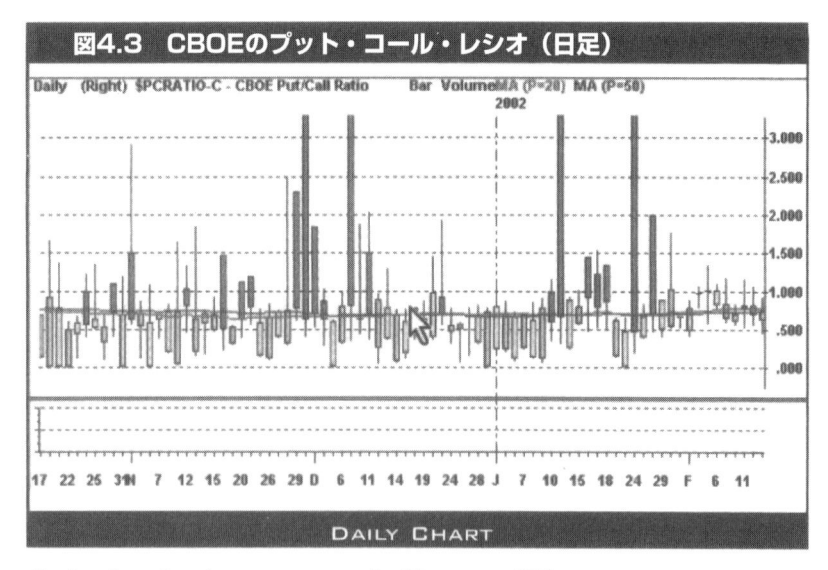

To view charts in color go to: www.traderslibrary.com/TLEcorner

いない、つまりこれから売り物が増え、株価が一段安になることが予想される。

負けトレードを分析する

多くのトレーダーは終わったトレードについてあとからうんぬんするが、過去のチャートはどのようにでも解釈できる。一方、将来のトレードについては予測もつかないが、もしもそのトレードが失敗したとすれば、その原因はトレードそのものにある。大切なことはすべてのトレードを事後分析し、特に負けトレードから何を学ぶのかである。図4.4はAT&Tの日足チャートであるが、この株式をスイングポジションとコアポジションとして半分ずつ買うときのケースを考えてみよう。

図4.4 AT&T（日足）

チャート内のラベル：
- 20日MA
- スイングトレードの目標値
- 仕掛け
- 長大陽線
- 揉み合い

DAILY CHART

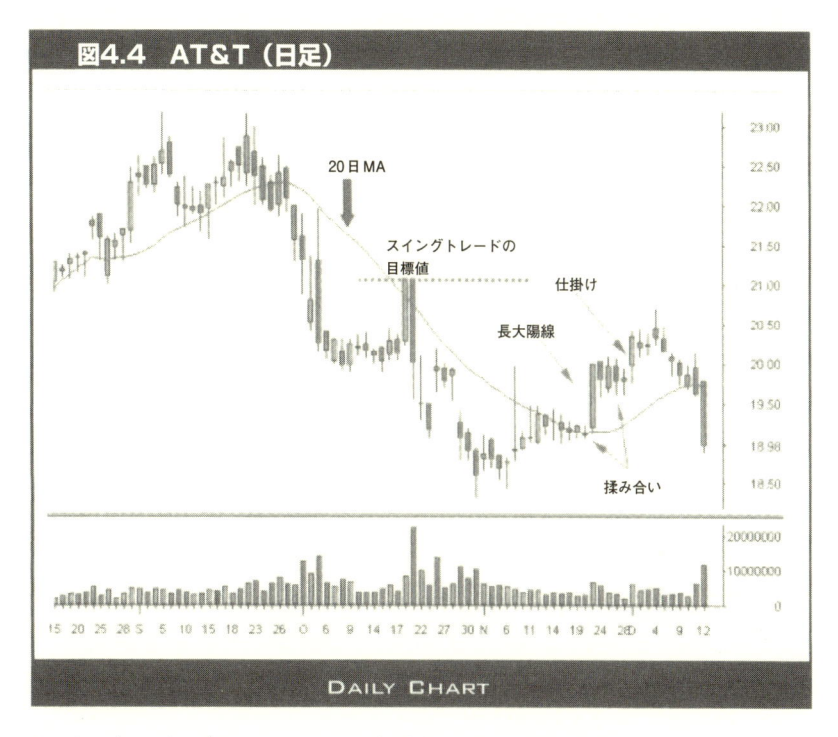

To view charts in color go to: www.traderslibrary.com/TLEcorner

1. AT&T株は5月からきれいな上昇トレンドを描いているが（このチャートには示されていない）、10月になって下落し、7月に形成されたメジャーな支持線まで下落した。その日足チャートを見ると、ここは絶好の買い場のように見える。

2. 日足チャートからははっきりした買いセットアップは出ていないが、次のようなパターンが読みとれる。①約1カ月にわたって下げたあと、10月半ばに大商いがあった、②11月初めに長い下ヒゲが出現した、③この底値圏から反転したあと、11月半ばに揉み合い局面があった。

3. 日足でほぼ3カ月間にわたって下降トレンドをたどったが、週足チャートでは株価の第一段階から第二段階に移行して支持線を形

成しているように見える。11月半ばの揉み合いはそれ以降の株価の方向を占う正念場で、このまま下降トレンドが続けばこの揉み合いはまもなく下にブレイクされるだろう。
4．11月半ばの揉み合いのあとに長大陽線が出現し、その高値圏では4日間にわたり再び揉み合い、12月1日の19.87ドルでさらに上放れた。このスイングトレードの利益目標は10月半ばに付けた21.00ドル、ストップは19.62ドルに置く（安値を切り上げるかぎり、ストップは維持しておく）。

　株価は4日間にわたり上昇し、11月初めの安値から利益目標までの3分の2の水準まで上昇した。しかし、それ以降にジリ安となり、12月11日にはストップポイント近くまで下げて終わった。翌12日には大きな下方ギャップを空け、ストップポイントを一気に下抜けてしまった（日足チャートからはその詳細な状況は分からない）。
　次に長い時間枠の週足チャート（**図4.5**）でこのときの状況を分析してみよう。

1．AT&T株の週足チャートを分析すると、上昇トレンドが支持されていない小さな兆候がいくつかある。9月の終わりに上昇トレンド途上で長大陰線が現れている。これで上昇トレンドが終わったと判断することはできないが、おそらくはそうであろうことを裏付ける大きな証拠となる。
2．A印の足では上ヒゲが伸び、この揉み合いが今後もサポートされるとプリスティーンの買いセットアップとなるが、翌週にはこのメジャーな支持線をわずかに下抜くやや大きな陰線が出現した。それ以降に少し上昇したが、力強い株式であればこのような下げは見せないものである。
3．この局面では従来のマネーマネジメントを維持するのか、それと

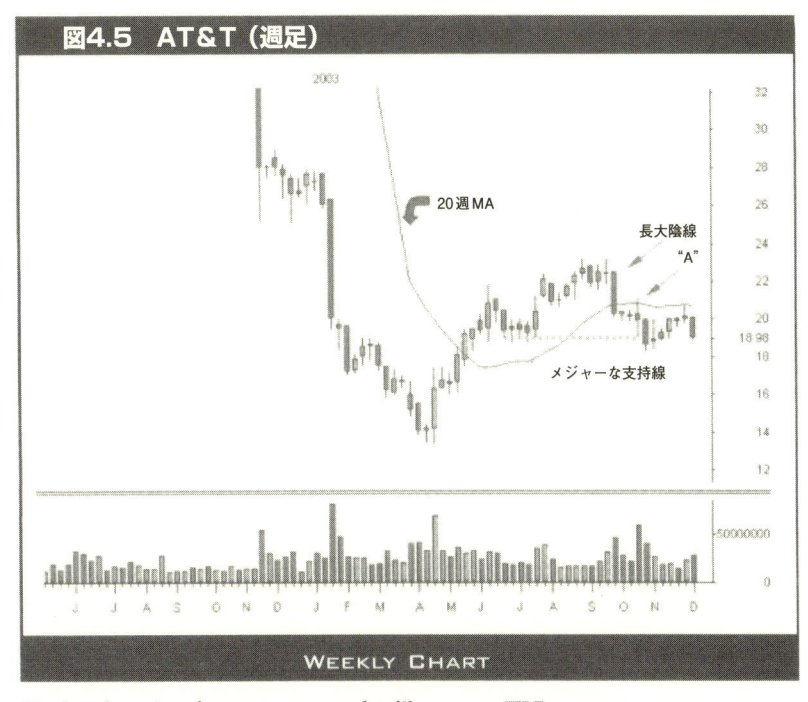

第4章 トレードとトレーディングプランにおける心の問題

図4.5 AT&T（週足）

(チャート内ラベル: 2003、20週MA、長大陰線 "A"、メジャーな支持線、WEEKLY CHART)

To view charts in color go to: www.traderslibrary.com/TLEcorner

も変更すべきかを判断する必要がある。将来のリターンを少しでも高めるには、必要に応じてトレーディングプランの修正を迫られるときもある。ここで問題となるのは、ある程度の損失を許容してまで利益目標にこだわるべきかどうかである。コアトレードと考えるならば、日足チャートでピボットポイント（トレンドの転換点）が形成されるまでストップポイントは引き上げないことになる。

4．株価が終値ベースでストップポイントを下抜かないうちは上昇するかもしれないが、翌朝のギャップダウンで損益はマイナスとなってしまった。

111

以下はこれらの分析結果を踏まえたこのトレードのまとめである。

１．日足チャートでは絶好の買いセットアップとなったが、コアトレードとして仕掛ける前に週足チャートも検討したほうがよい。そうすれば、仕掛けても小さい利益のスイングトレードにすべきことが理解できるだろう。
２．こうしたトレードのプランに従うかぎり、マネーマネジメントにミスはなかった。しかし、陰線の終値がストップポイントの直前まで迫ったとき、従来のトレーディングプランを変更してその時点でポジションを手仕舞うべきだった。

　以上のように、それまでのトレーディングプランをこれからも維持すべきか、それとも変更したほうがよいのかを判断するためにも、いろいろな時間枠のチャートに照らして分析すべきである。

Technical Lessons 第5章

いろいろなチャートパターン

よく見られる間違い

　ここまで本書を読まれた皆さんは自分のトレードをレベルアップするための、少なくともいくつかのヒントは得られたのではないかと思う。それらはテクニカルなもの、または心理的なものもあるだろうが、以下ではトレーダーによく見られる2つの間違いについて述べていこう。トレーダーによく見られるというのは私の主観的な考えであるが、少なくともプリスティーンメソッド・トレーディングルームでもよく話題になっているものである。

　最初の間違いは単純なものであるが、トレーダーにとってはかなり致命的なものである。それは、株には行き過ぎのときがあるという以外に明確なトレード戦略もなしに、買われ過ぎの株を売り、売られ過ぎの株を買いたがるということがあることだ。トレーディングにいくらかの主観が入るのは避けられないが、できるだけ主観を抑えて客観的なスタンスを取らないとトレードで勝つことはできない。客観的な条件によらないでこの株式は買われ過ぎ（または売られ過ぎ）であると考えるトレーダーは少なくないが、たとえ客観的な条件に照らしたとしても正確に判断するのは難しい。しかし、ベテラントレーダーは株価と移動平均線との関係、出来高の推移、ズームダウンしたチャー

トなどをよく見ている（「ズームダウン」については付録Bの「用語解説」を参照）。

　それならば、なぜトレーダーはこのような間違いを犯すのだろうか。それはホームランを狙っているからである。たまに大きな値幅を取ったことのあるトレーダーに限って、その味が忘れられなくなる。そんなときは自分のトレード記録を読み直し、トレンドに逆らうトレードでどれほどの利益を取れたのかをチェックしてほしい。陸上動物では最速といわれるあのチーターは、足の弱ったシカしか狙わない。それはあまり格好はよくないが、確実に餌にありつけるからである。

　トレーダーによく見られる二番目の間違いとは、支持線（または抵抗線）はおそらくブレイクされるだろうと考えて、支持線まで下げたところを売る（または抵抗線まで上げたところを買う）ことである。これについてはチャートを使って説明したほうが分かりやすいので、マイクロコントローラ最大手のマイクロチップ・テクノロジーズの日足チャート（**図5.1**）を見ながら説明しよう。

　問題は矢印の長大陰線であるが、トレーダーは株価が点線の支持線を下抜いたときに売りやすい。既述したように、支持線（または抵抗線）とはガラス製の皿のような厳密な数字ではなく、ゴムバンドのようなものである。したがって、支持線のある数字をブレイクすることよりも、株価がどのようにして支持線まで近づいてきたのかが重要である。**図5.1**のチャートを見ると、この長大陰線は下落し始めて6本目の足で、この日の下げ幅が最も大きい。はたしてここを売るのは賢明なことなのか。おそらく上手なトレーダーであればもっと早い時期に空売りし、ここでそのポジションを買い戻しているだろう（またはここで買いを入れるだろう）。こうした局面で買えば傷つくとか、または弱い戻り局面は最高の売り場であるとか言われているが、少なくとも日足チャートで直近数日間の安値を付けたときに売るというのはあまり賢明ではない。

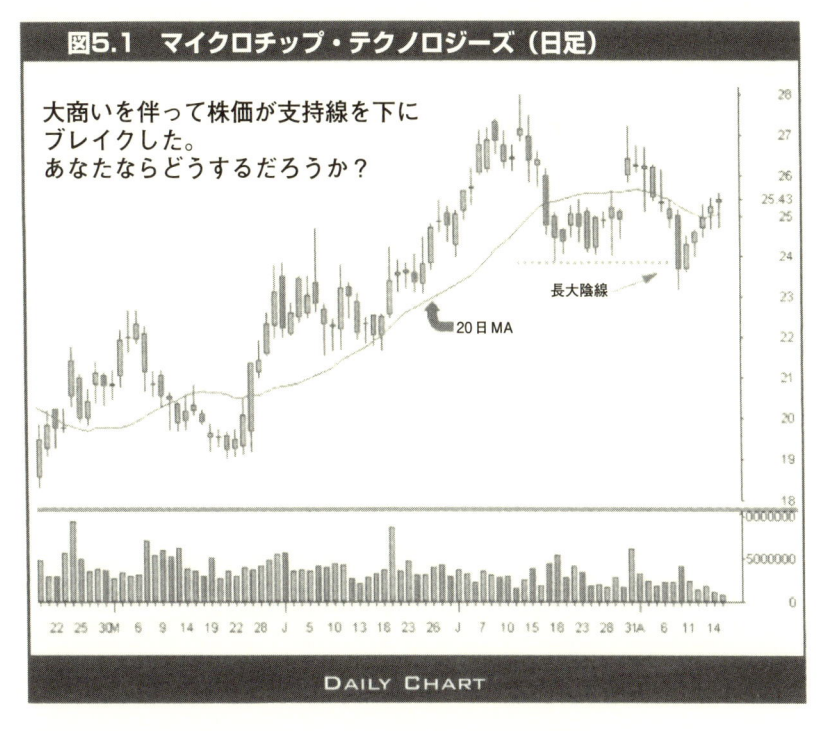

図5.1 マイクロチップ・テクノロジーズ（日足）

大商いを伴って株価が支持線を下にブレイクした。
あなたならどうするだろうか？

長大陰線
20日MA

DAILY CHART

To view charts in color go to: www.traderslibrary.com/TLEcorner

ダブルボトム（またはダブルトップ）

　あなたはこれまで「ダブルボトム」または「ダブルトップ」という言葉を聞いたことがあるだろう。以下ではそれらはどのようなものであり、実際のトレードでそれをどのように利用するのかについて検討していこう。実際のトレードではどれほどテクニカル分析を駆使したとしても、将来の株価の方向を予測するのは難しい。トレーダーができることは、そのときの局面に応じて優位性の高いものを採用することだけである。こうした点を念頭に置いて、ダブルボトムが形成される状況について考えていこう（以下の説明はすべての時間枠のチャートとトレードに当てはまり、主にダブルボトムについて話を進める）。

115

株価が前の安値水準まで下げるとダブルボトムが形成されやすい。この水準は株価がサポートされて下げ渋るところである。それから揉み合いとなるか、それとも上昇して前の高値を試すのかである（もう一度下げるとトリプルボトムが形成される）。ここから力強く上昇すれば、この安値圏は大底となる。スキャルピング（小さな利ザヤを稼ぐトレード）でダブルボトムのところを買っていくか、それともスイングトレードの買いにするか、またはここから上げたところを空売りするのか。以下はこうした局面でチェックすべきポイントである。

1. それまでの株価のトレンドはどのようなものだったのか。株価が下降トレンドにあれば、ダブルボトムは形成されないだろう。すなわち、下降トレンドにある株価は前の安値水準を下抜いてさらに下げ続ける（または、少し戻して絶好の売り場となる）。一方、株価が上昇トレンドにあれば、前の安値水準まで下げてダブルボトムが形成され（ダブルトップは形成されない）、株価はさらに上げ続ける。
2. 市場平均や同じセクターの株価と比較したレラティブストレングスはどのようになっているか（ここではナスダック先物と比較する）。例えば、上昇トレンドにある株価が下落してダブルボトムを形成しそうになったとき、先物が直近数日間の安値水準まで下げているとすれば、株価はここでサポートされる可能性が高い。その反対に先物が強い場合は、ここできれいなダブルボトムを形成したあと、株価は強い動きを取り戻すだろう。一方、先物が力強く上昇し、株価がダブルボトムを形成しそうになっているとき、先物が抵抗線まで上げてきたときは株も底を脱するかもしれない。しかし、先物が反落すれば、ダブルボトムの水準を維持するのは難しい。
3. 次に主要な移動平均線と比較してみよう。トレンドを占う移動平

均線としては200期間移動平均線がよく使われ、株価がこの平均線の上にあれば強い動き、下にあれば弱い株価である。一方、株価が上下どちらかの方向に20期間移動平均線から大きく離れると、その後に再びこの移動平均線の近くに戻り、これまでのトレンドを維持することが多い。例えば、前の安値まで反落した強い株式が上昇する20期間移動平均線に接近するとダブルボトムが形成され、株価はさらに上昇する可能性が高い。その反対に、20期間移動平均線の下にある株価が200期間移動平均線に近づいたあと、再び前の安値まで急反落すれば、このダブルボトムは維持されないだろう。

4．次は直近の上げ（または下げ）幅とそのときの値動きを比較してみる。例えば、日足チャートで株価が数日間にわたり揉み合ったあと、この水準を下抜いて8ポイント下落し、その後に2ポイント戻したが、再び前の安値水準まで反落したとしよう。ここでダブルボトムが形成されてもそれは維持されず、株価はさらに下げるだろう。その理由は8ポイントの下げ幅に対し、戻りは2ポイントとわずか4分の1を戻したにすぎないことである。これはかなり弱い動きで、通常の弱い株式でも30〜40％は戻りを見せるものである（強い株式であれば、半値以上または全値戻しとなる）。さらにこうした戻りも見せず、先の安値水準で揉み合っているとすれば、これは最も弱い動きである。

　一方、例えば、5分足チャートの200期間移動平均線のかなり下にある下降トレンドの株式が力なく2ポイント下げたあと、下降する200期間移動平均線に向かって0.5ポイント戻してから再び前の安値まで下げたとしよう。このときの先物相場が比較的強い動きで、その株式がダブルボトムを形成したとしてもそれは維持されないだろう。これは上記の動きと同じであり、ここは買いよりも売りの局面である。

図5.2 マイクロソフト（5分足）

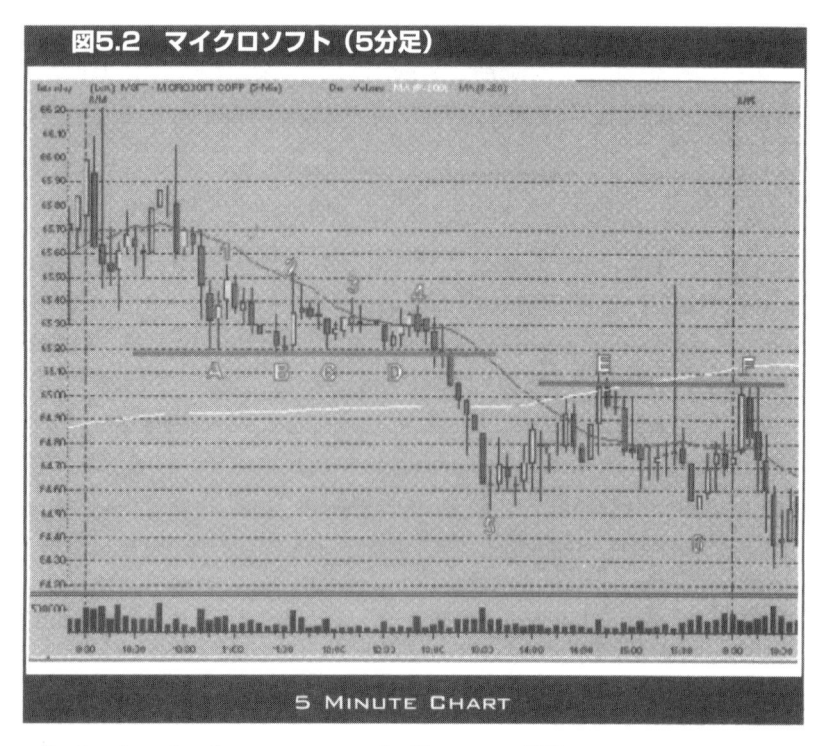

5 MINUTE CHART

To view charts in color go to: **www.traderslibrary.com/TLEcorner**

　その反対に、200期間移動平均線の上にある上昇トレンドの株式が午前中に上げたあと揉み合いとなり、そこから再び0.5ポイント上昇したが、再度午前中の揉み合いまで下げたとしよう。ここで上昇する20期間移動平均線に接近し、ダブルボトムが形成されそうだとする。そのときの先物相場は午前中の上昇トレンドからは押しているものの、下げ渋る底堅い動きを見せていたとすれば、この株式はまもなくこのダブルボトム圏から上昇するだろう。

　ダブルトップの局面はこれと対照的な動きとなる。すなわち、5分足チャートで200期間移動平均線の下にある下降トレンドの株式が午前中に下げたあと揉み合いとなり、そこから再び0.5ポイント下落したが、再度前の揉み合いまで戻したとしよう。ここで下降する20期間

図5.3　ナスダック先物（5分足）

5 MINUTE CHART

To view charts in color go to: www.traderslibrary.com/TLEcorner

移動平均線に接近し、ダブルトップが形成されそうだとする。そのときの先物相場は午前中の下降トレンドからは戻しているものの、上げ渋る売り物がちの展開となっていれば、この株式はまもなくこのダブルトップ圏から下落するだろう。

　こうした局面は実際のチャートを使って説明すると分かりやすいだろう。**図5.2**は８月14日のマイクロソフトの５分足チャートであるが、株価は横ばいで始まったあと、ジリ安歩調をたどっている。こうした動きは直近数日間の下降トレンドを引き継いだもので、午前11時に新安値（65.20ドル）を付けたあと、この水準で揉み合いとなった。それから２時間のうちに（ダブルボトムやトリプルボトムでもない）４回ボトムが形成された（A～D）。こうした４回ボトムは強気のシグ

ナルであると言う人もいるが、以下の理由からこうした多重ボトムはダマシで、株価はさらに下げるだろう。

　まず第一に、それまでの下降トレンドが依然として続いていることである。高値と安値を切り下げる寄り付きからのトレンドはこれからも続く可能性が高い。次に午前11時～午後２時までの株価の動きをナスダック先物（**図5.3**）と比較すると、先物相場は戻り歩調をたどり、12時45分には安値を切り上げている。しかし、マイクロソフト株はこの先物の動きに追随することなく、先物が前の揉み合いまで反落したとき、その株価は大きく値を崩した。第三に、その20期間移動平均線を見るときれいな下降トレンドを描いている。最後にＡ～Ｄと１～４で示した安値と高値の値幅を見ると、Ａ（約65.20ドル）～１（65.55ドル）の戻り幅は0.35ドルと、直近の下げ幅（66.1－65.2＝0.9ドル）の半値にもなっていない。

　それ以降にＥ～Ｆでダブルトップを形成したが、これは前のダマシの４回のボトムと同じように弱気のパターンである。以上の分析に照らせば、株価はここからさらに下落すると思われる。弱い動きの先物も翌日にはマイクロソフト株の下げに拍車をかけるだろう。先物相場が持ち直せば株価が反発する可能性もあるが、200期間移動平均線（白線）が株価の頭を押さえている。また、Ｅ～６の下げ幅は５～Ｅの上げ幅の全値押しとなっており、仮にこの強力な抵抗線を上抜いてもそれはダマシのブレイクアウトに終わるだろう。こうしたダブルボトム（またはダブルトップ）の分析は、皆さんのトレードにとって何らかの参考になるだろう。

支持線と抵抗線

　私は前著『デイトレード』のなかで、支持線を「その株式に対する需要が供給を上回り、株価が下げ止まる水準または領域」、抵抗線を「そ

図5.4 ナスダック総合指数（日足）

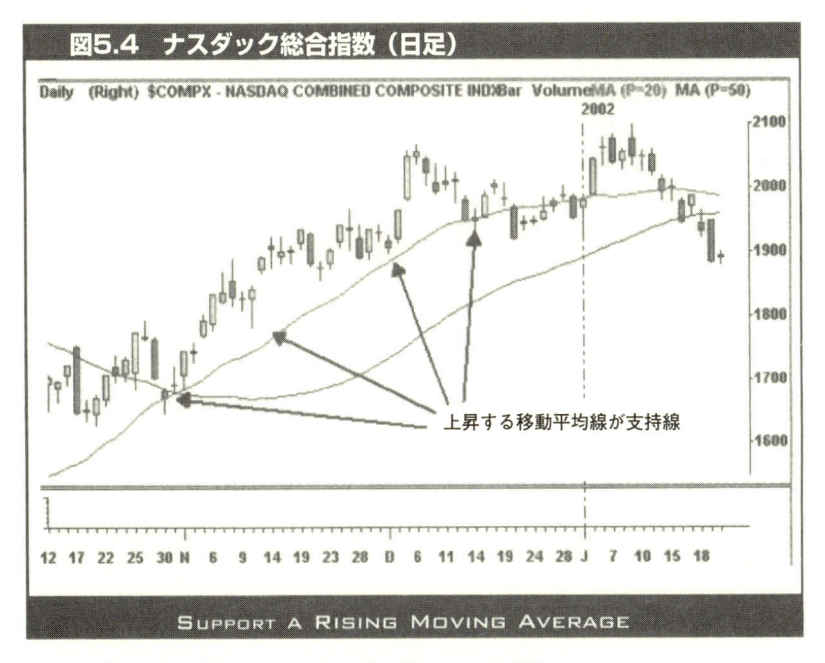

上昇する移動平均線が支持線

の株式に対する供給が需要を上回り、株価が上げ止まる水準または領域」と定義した。ポイントとなるのは「領域」という点で、支持線や抵抗線をわずか1セント抜いたからといって直ちにそれらをブレイクしたとはならない。支持線や抵抗線とはガラスの皿ではなく、ゴムバンドのようなものである（これはどの時間枠についても言える）。したがって、日足チャートの200日移動平均線を50セント抜いた程度では支持線・抵抗線のブレイクとはならないが、2分足チャートで7ドルの株の支持線・抵抗線を10セント抜けば、それは大きなブレイクとなる。つまり、支持線・抵抗線のブレイクとはかなり相対的なものであるということである。こうした点を念頭に置いて、ナスダック総合指数の日足チャート（**図5.4**）を見ると、株価は上昇する20日移動平

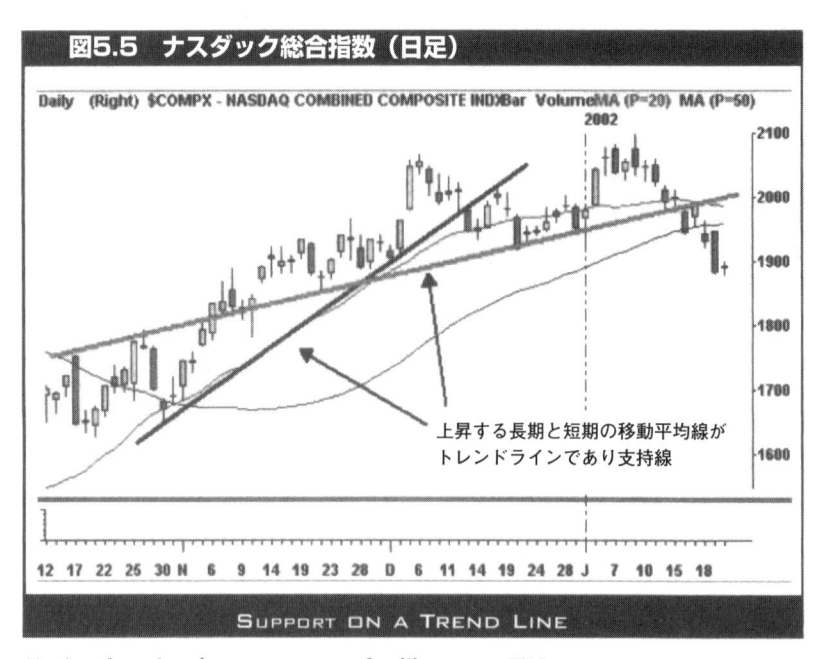

図5.5 ナスダック総合指数（日足）

上昇する長期と短期の移動平均線が
トレンドラインであり支持線

均線で支持されている。株価が押したときにそこをブレイクしたからといって直ちに売るのではなく、次の動きをよく見なければならない。一方、**図5.5**は同じチャートの切り上がる安値にトレンドラインを引いたもので、これは移動平均線と同じ役割を果たしている。

　また、**図5.6**は同じチャートに支持線を表す横線を引いたもので、これらは「メジャーな支持線（Major Support）」と「マイナーな支持線（Minor Support）」を意味する。メジャーな支持線とは前の揉み合いでの安値が試されているところ、マイナーな支持線とはその高値が試されているところである。11月半ばから末にかけての揉み合いに注目すると、12月20日の下げはこの揉み合いの高値が試されたマイナーな支持線、1月16日の下げはその安値が再び試されたメジャーな

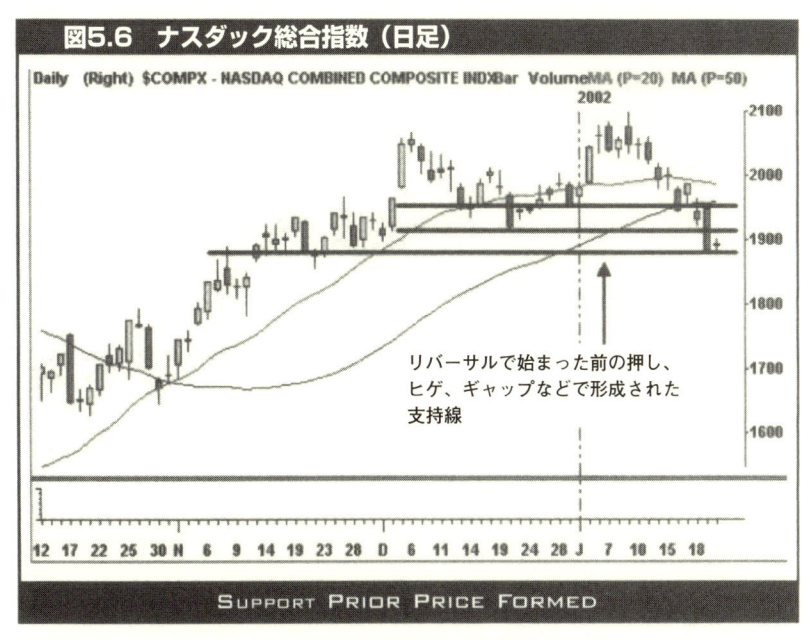

図5.6 ナスダック総合指数（日足）

リバーサルで始まった前の押し、ヒゲ、ギャップなどで形成された支持線

支持線である。

　これらはいずれも厳密な数字というよりは領域であり、ある支持線からは株価が再上昇して新高値を付けたり、別の支持線はダマシになっているのが分かる。問題はそれらをどのように見極めるかであるが、残念なことにそれを判断できるはっきりした基準があるわけではない。われわれがトレーディングプランに従って仕掛けと利益目標を決め、さらに損失限定のストップを置くのはそのためである。

最初の押し目

　これはかなり単純であるが、すぐにでも使えるかなり信頼できるチャートパターンである。プリスティーンのセミナーではそれを含むい

図5.7　ノババックス（5分足）

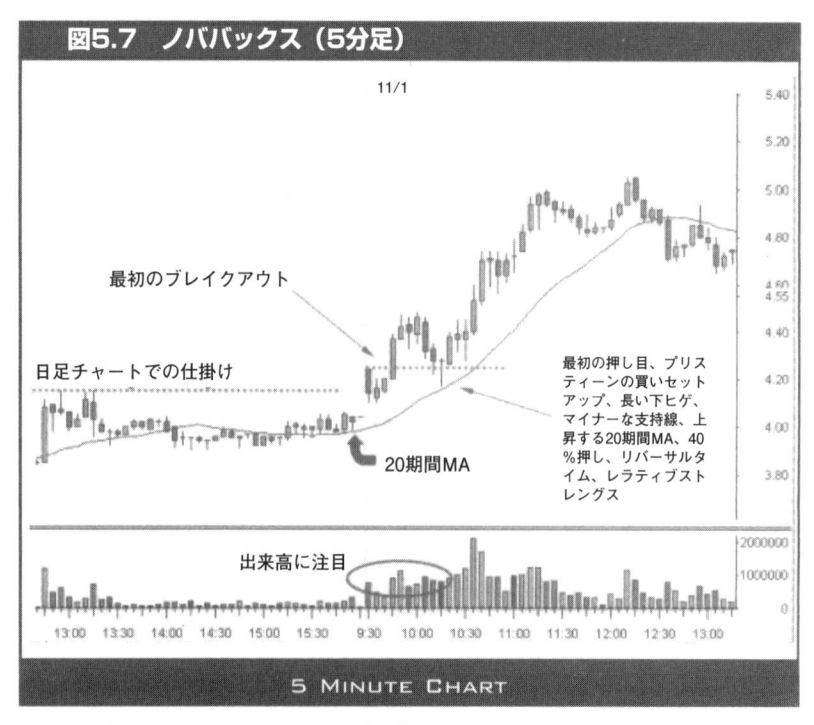

（図中の注釈）
- 最初のブレイクアウト
- 日足チャートでの仕掛け
- 20期間MA
- 最初の押し目、プリスティーンの買いセットアップ、長い下ヒゲ、マイナーな支持線、上昇する20期間MA、40％押し、リバーサルタイム、レラティブストレングス
- 出来高に注目
- 5 MINUTE CHART

To view charts in color go to: www.traderslibrary.com/TLEcorner

　ろいろなチャートパターンについて詳しく説明し、それぞれの段階に応じたトレード手法を教えていく。そうした手法は多岐にわたるが、ここでは株価が揉み合いから上昇トレンドに移行するときに有効な２つのトレード手法を紹介しよう。それらはいずれもベストとは言わないが、かなり安全な買い場となる。

　図5.7は、バイオベンチャー企業のノババックスの５分足チャートであるが、下の点線は日足チャートの有効な買い場を表している（すなわち、株価がこの水準を上抜いたときに買う）。しかし、①日足チャートでははっきりした押し目が形成されていない、②リバーサルタイムで出動するほうが安全である（ブレイクアウトの時間は午前９時

図5.8　ブロードコム（5分足）

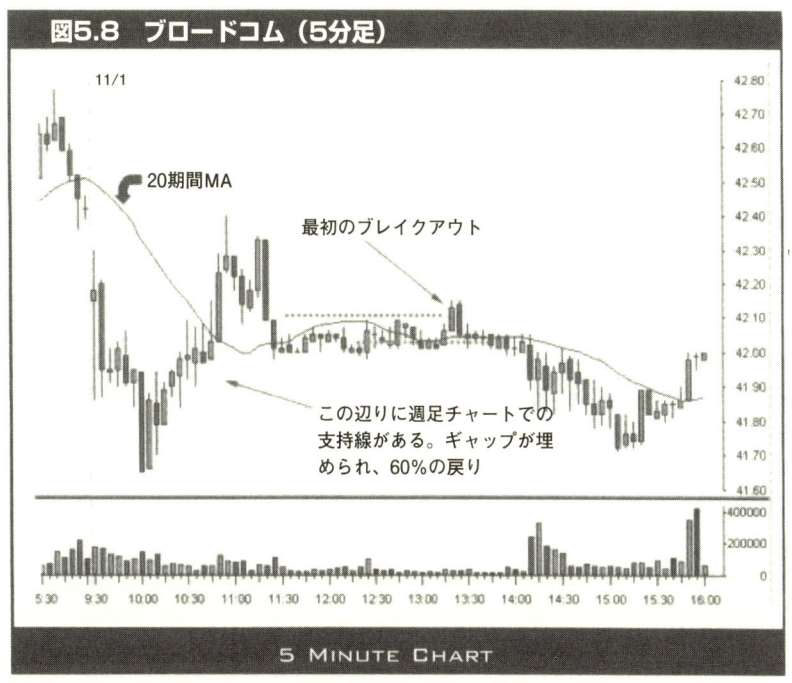

11/1
20期間MA
最初のブレイクアウト
この辺りに週足チャートでの支持線がある。ギャップが埋められ、60％の戻り

5 MINUTE CHART

To view charts in color go to: www.traderslibrary.com/TLEcorner

45分直後だった）——という理由から、私であればここを仕掛けるのではなく、最初の押し目を待つという戦略を取る。

　この5分足チャートを見ると、午前10時20分に押し目を形成し、絶好のプリスティーンの買いセットアップ（PBS）となった（長いヒゲ、マイナーな支持線、上昇する20期間移動平均線、40％の押し、リバーサルタイム、市場平均に対するレラティブストレングス——など）。ストップは下ヒゲのところにきつめに置く。それならば、なぜ前の高値を上抜いたところでは出動せず、このように最初の押し目を待つのだろうか。その理由は同じ日のブロードコム（通信機器用半導体メーカー）の5分足チャート（**図5.8**）を見ながら説明しよう。

ブロードコムの株価は日足チャートでは押し、週足では支持線付近にあった。5分足チャートの11月1日午前の戻りでは寄り付きの下方ギャップを埋め、その後は戻り幅の半分の水準で揉み合う展開となった。株価は上値をうかがい、午後1時30分のリバーサルタイムにはブレイクアウトとなったが、（5分足チャートを除く）すべての日中足チャートでは再び下降トレンドに戻ってしまった。5分足チャートでもブレイクアウトの次の足は行って来いの状態となったが、これはけっして強気のパターンではない（このチャートをノババックス株のチャートと比較してほしい）。ブロードコム株はそれから買いのセットアップになることなくジリ安歩調をたどり、様子見の展開となった。ブレイクアウトが疑わしいときは安全を期して最初の押し目を待つということの大切さがこれでお分かりであろう。

トレンドデイ

　①上方にギャップを空けて寄り付いたあと、終日揉み合った、②大きな上方ギャップで寄り付いたが、その後は終日売り物がちの展開となった、③大きな上方ギャップを空けて寄り付いたあとも、大きく押すこともなく終日ジリ高歩調をたどった。この3つの状況のうち、最後の③のケースが「トレンドデイ」と呼ばれるものである。これらのどの状況で仕掛けるのが最高なのかは断言できないが、少しでも勝率の高い仕掛けのヒントは得られるだろう。

　図5.9はSPY（SPDRs＝S&P500に連動した上場投信）の日足チャートで、最後の2004年10月14日はかなり弱い基調でスタートした。10月初めのSPYはかなり力強く上昇し、プロフェッショナルギャップや長大陽線を伴って9月半ばの高値水準を上抜いた。こうした展開を見た強気筋の目には、前の上方ギャップを埋め、上昇トレンドラインまで下げた10月12日は絶好の買い時と映るだろう。しかし、翌13日は上

図5.9 SPY（日足）

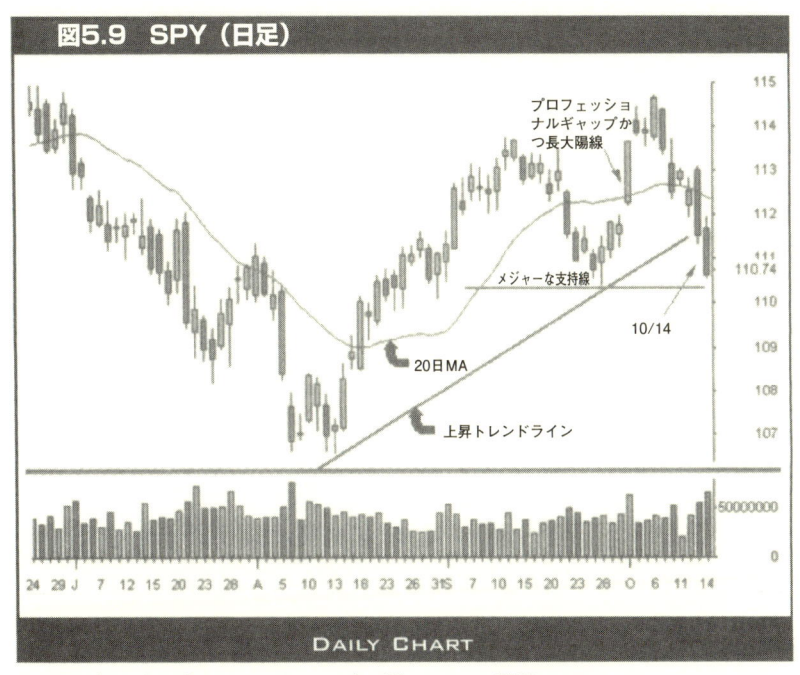

チャート内注釈:
- プロフェッショナルギャップかつ長大陽線
- メジャーな支持線
- 10/14
- 20日MA
- 上昇トレンドライン
- DAILY CHART

To view charts in color go to: www.traderslibrary.com/TLEcorner

　方ギャップで寄り付いたあと、強気筋の予想を裏切って終日売り物が絶えなかった。結局、この日は上昇トレンドラインを下抜く長大陰線で引けた。翌14日は小さな上方ギャップを空けて寄り付いたが、前日の長大陰線にわずかに食い込んだだけで、メジャーな支持線まで下落して終わった。**図5.10**はそれ以降のSPYの値動きを示した15分足チャートである。

　それを見ると、10月13日は午後２時ごろに安値を付けたあと、この安値水準で最後の２時間は揉み合って終わった。翌14日は小さな上方ギャップを空けて寄り付いたが、前日の狭い揉み合いからはみ出すことはなかった。それ以降にはここから上放れようとする動きも見られたが、午前10時30分のリバーサルタイムに上ヒゲを出したあと、この

127

図5.10　SPY（15分足）

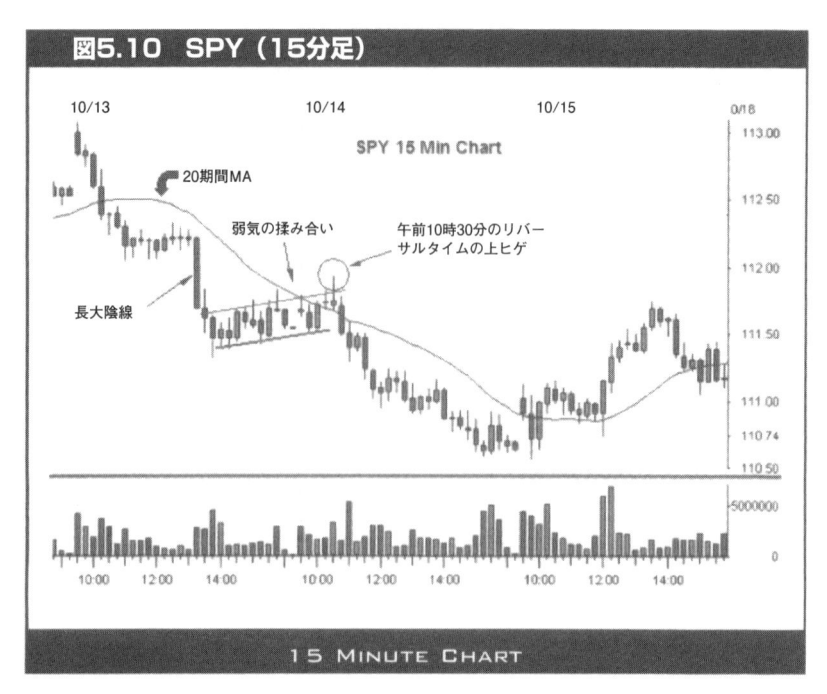

- 20期間MA
- 弱気の揉み合い
- 午前10時30分のリバーサルタイムの上ヒゲ
- 長大陰線

揉み合いから大きく下放れた。前日の安値水準を下抜いたところは「空白の価格帯」で、そこからはきれいな下降トレンドを描いている。

　一方、**図5.11**は同じ期間のSMH（半導体企業HOLDRs＝半導体関連株を組み入れたファンド）の15分足チャートで、それを見ると揉み合いからギャップダウンしたSMHはそれを埋めることなく弱い動きに終始している（下方ギャップを埋められない上ヒゲが出現している）。SMHは半導体関連株の指標となるもので、半導体株のこの年の下げと9月の反発もSMHが主導している。また、SMHはナスダックの動向も大きく左右しており、半導体株の上昇がなければナスダックの上昇も期待できない。

　なお、ここには示されていないが、こうした局面では買われ過ぎ・

図5.11　SMH（15分足）

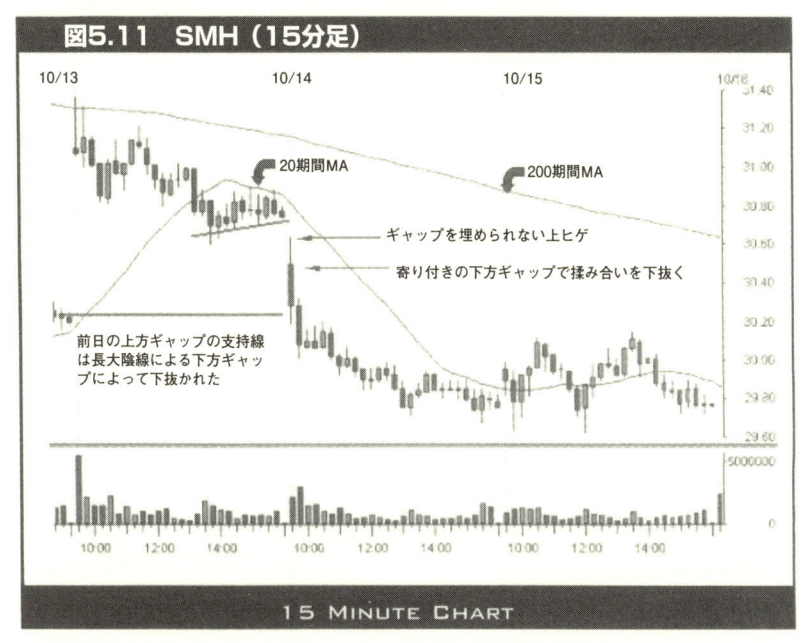

チャート内のラベル：
- 20期間MA
- 200期間MA
- ギャップを埋められない上ヒゲ
- 寄り付きの下方ギャップで揉み合いを下抜く
- 前日の上方ギャップの支持線は長大陰線による下方ギャップによって下抜かれた

To view charts in color go to: www.traderslibrary.com/TLEcorner

売られ過ぎを示す株価と逆相関の指標であるTRIN（アームズインデックス）を参考にするのも効果的である。10月14日のTRINは終日（弱気のシグナルとなる）1.0以上にあった。日中足チャートでは上げ下げやサプライズの動きもよく見られるので、いろいろな時間足のチャートやギャップ、市場の内部要因などを詳細に分析して、トレードの優位性を少しでも高めなければならない。トレンドデイとはそうした局面のひとつである。

いろいろな時間枠のチャート

　いろいろな時間枠のチャートをどのように見るのかについて、トレーダーは十分に理解しておくべきである。例えば、QQQQ（ナスダッ

図5.12　QQQQ（2分足）

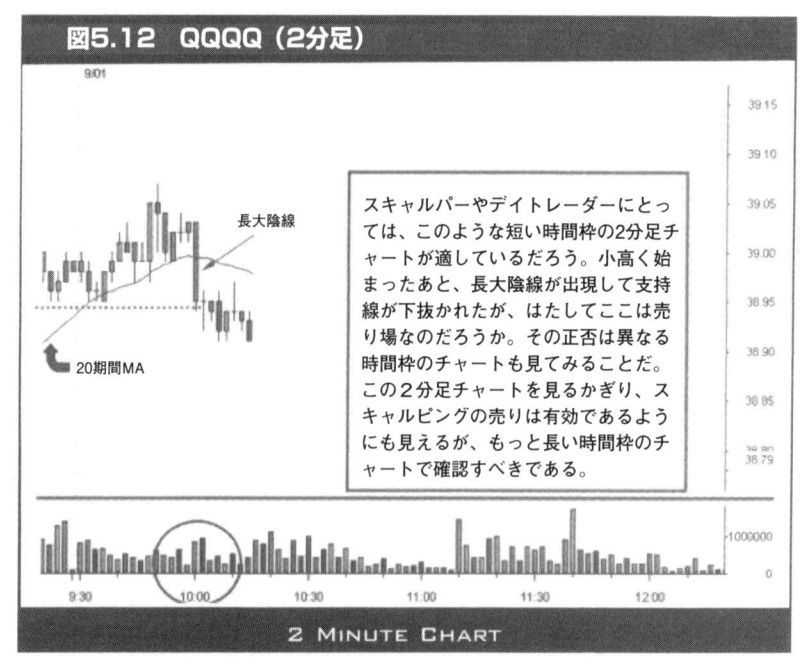

スキャルパーやデイトレーダーにとっては、このような短い時間枠の2分足チャートが適しているだろう。小高く始まったあと、長大陰線が出現して支持線が下抜かれたが、はたしてここは売り場なのだろうか。その正否は異なる時間枠のチャートも見てみることだ。この2分足チャートを見るかぎり、スキャルピングの売りは有効であるようにも見えるが、もっと長い時間枠のチャートで確認すべきである。

To view charts in color go to: www.traderslibrary.com/TLEcorner

ク100指数に連動した上場投信）の2分足チャートを表した**図5.12**を見ると、午前10時には長大陰線でこの日の安値を下抜いたが、前日の終値近辺でいくらか支持されている。果たしてスキャルピング（小さな利ザヤを稼ぐトレード）でここを売っていくべきなのか。**図5.12**を見るかぎり、この「いくらかの支持」も下にブレイクされているように見えるが、それだけでは売りの十分な条件とはならない。トレンドの強さやほかの支持線などをさらに詳しく分析するには、もっと長い時間枠（5分足や15分足など）のチャートを見る必要がある。

　スキャルパーは2分足のチャートをよく見ているだろうが、それではこのような超短期のチャートはスキャルピングや半日トレード、またはデイトレードのどれに適しているのだろうか。忘れてはならない

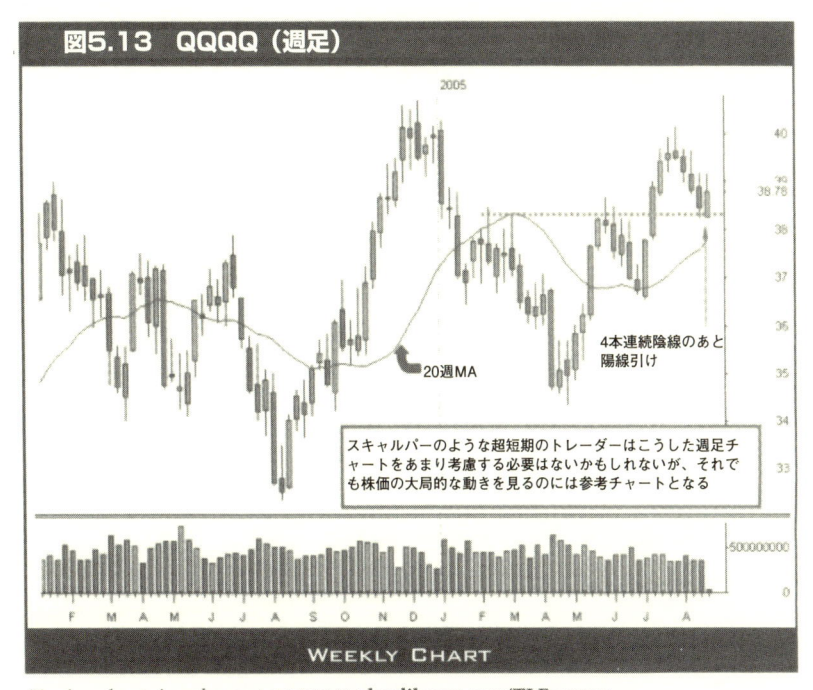

第5章 いろいろなチャートパターン

図5.13　QQQQ（週足）

（チャート内注記）
- 2005
- 38.78
- 20週MA
- 4本連続陰線のあと陽線引け
- スキャルパーのような超短期のトレーダーはこうした週足チャートをあまり考慮する必要はないかもしれないが、それでも株価の大局的な動きを見るのには参考チャートとなる
- WEEKLY CHART

To view charts in color go to: www.traderslibrary.com/TLEcorner

　大切なことは、「スキャルピング」とはトレード戦略ではなく、ひとつの時間枠のトレードであるということである。トレーダーはよく間違いをすると、「これはスキャルピングだったのさ」と自分のミスを正当化しがちである。

　問題は、2分足チャートではこのブレイクの意味するものがよく分からないことである。多くのデイトレーダーはこうした2分足チャートだけであれこれと分析しているが、彼らにはもっと長い時間枠の見方が欠けている。図5.13はQQQQの週足チャートであるが、このチャートがスキャルピングに適していないことは明らかである。この週足チャートではプリスティーンの買いセットアップが出そうになっているが、その正否を日足チャートなどで確認する必要がある。週足チ

図5.14　QQQQ（60分足）

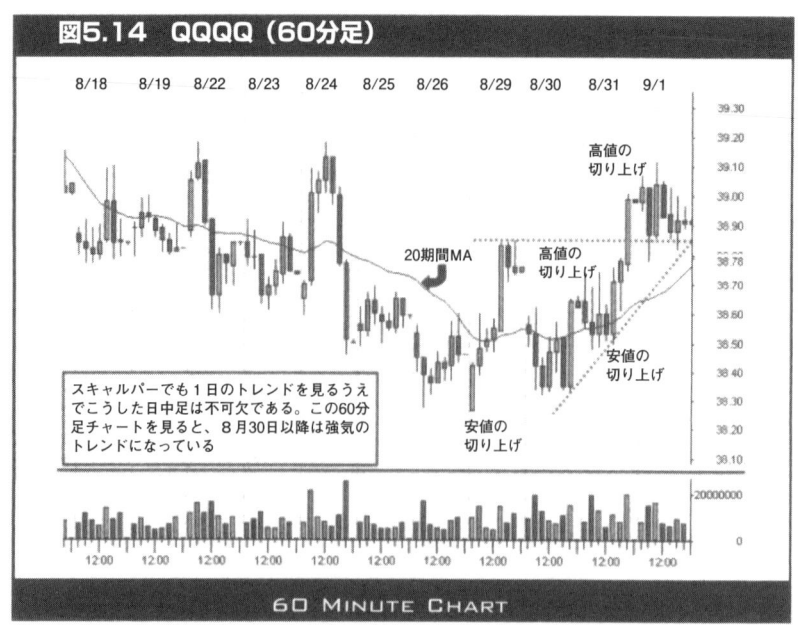

（チャート内注記）
- 20期間MA
- 高値の切り上げ
- 高値の切り上げ
- 安値の切り上げ
- 安値の切り上げ
- スキャルパーでも１日のトレンドを見るうえでこうした日中足は不可欠である。この60分足チャートを見ると、８月30日以降は強気のトレンドになっている

60 MINUTE CHART

To view charts in color go to: www.traderslibrary.com/TLEcorner

ャートで２分足のスキャルピングのチャンスを確認するのは適当でないが、日足チャートで株価の強弱を確かめることはできる。

　一方、図5.14はQQQQの60分足チャートであるが、いくつかの重要なポイントが読み取れる（デイトレードには60分足チャートが不可欠である）。それを見ると、株価は2005年８月30日までは総じて下降トレンドとなっている（ピボットポイントの高値と安値が切り下がっている、トレンドラインが下向き、株価が下降する20期間移動平均線の下にある）。しかし、この日を境により高い安値を付け始め、それ以降には高値と安値を切り上げる展開となり、株価は20期間移動平均線を上抜いた。９月１日には強保ち合いとなり、この局面は買い有利のように見えるが、その正否については15分足チャートで確認する必要がある（図5.15参照）。

第5章 いろいろなチャートパターン

図5.15　QQQQ（15分足）

ズームダウンしたこの15分足チャートを見ると、下落した株価は支持線で守られ買いのセットアップとなった

マイナーな支持線

20期間MA

上昇トレンドの第二段階におけるプリスティーンの買いセットアップ、上昇する20期間MA、マイナーな支持線、下ヒゲ、半値押し

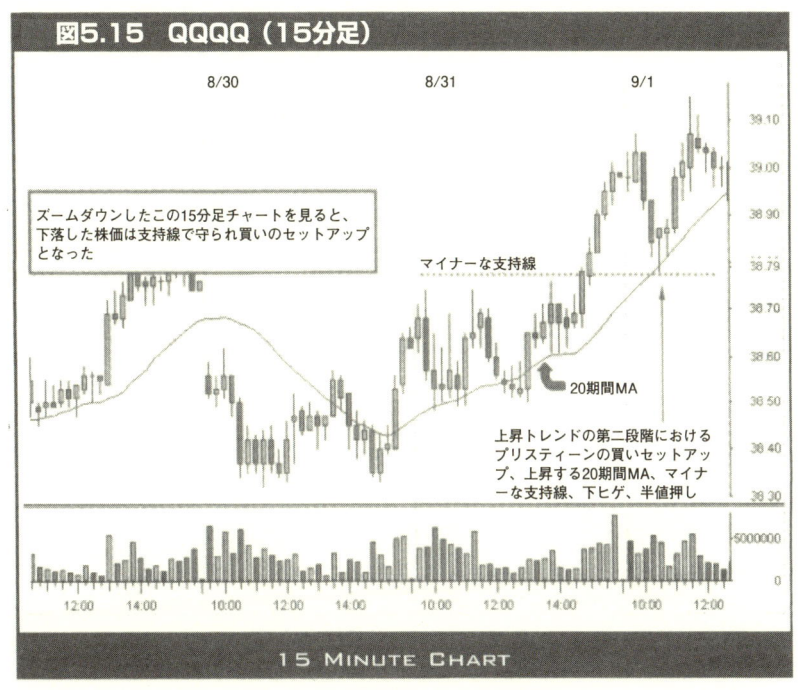

15 MINUTE CHART

To view charts in color go to: www.traderslibrary.com/TLEcorner

　先の2分足チャートでは支持線を下にブレイクしたところを売れば、スキャルピングでは利益になるように思われたが、もっと長い時間枠のチャートで見ると、むしろそこは買い場になっているようだ。この局面をこの15分足チャートで見ると、8月31日には上ヒゲを持つ3本の足によってマイナーな支持線が形成され、午前10時30分のリバーサルタイムにはプリスティーンの買いセットアップとなった（マイナーな支持線、下ヒゲ、半値押し、上昇する20期間移動平均線）。それ以降に株価は新高値を次々と更新し、これを裏付ける形となった。当初の2分足チャートでは、もしも支持線が大きくブレイクされ、需要の空白の価格帯が存在し、しかも次の支持線がかなり下にあったときは、スキャルピングの売りも正当化されただろう。一方、デイトレーダー

133

図5.16 ポータルプレーヤー（日足）

マイナーな支持線

20日MA

プリスティーンの買いセットアップ（下ヒゲと上ヒゲの出現――など）、60分足も参照

DAILY CHART

To view charts in color go to: www.traderslibrary.com/TLEcorner

が買うときは少なくともリバーサルタイムを待ち、需要が増えて買いセットアップが出てから出動しても遅くはない。

ズームダウン

「ズームダウン（Zoom Down）」（**付録Bの「用語解説」を参照**）とはトレードのタイミングを計るときに異なる時間枠のチャートを見ることで、例えば、日足チャートでスイングトレードしているときに60分足を見るなどである。その目的は早すぎる仕掛けや手仕舞いを防ぐことにあり、短い時間枠のチャートで仕掛けるとストップ（損切り）に引っかかるが、もっと長い時間枠のチャートを使えばうまくいくこともよくある。その一方で、ズームダウンしたチャートで最初の押し

図5.17　ポータルプレーヤー（60分足）

プリスティーンの買いセットアップ（上方にギャップを空けた寄り付き、上ヒゲの出現——など）、5分足チャートも参照

20期間MA

60 MINUTE CHART

To view charts in color go to: www.traderslibrary.com/TLEcorner

目を待っていると仕掛けのチャンスを逃すこともある。このように、ズームダウンしたチャートを見ることの善し悪しは、そのトレーダーのトレーディングスタイルによって決まる。

　図5.16はMP3プレーヤー向け半導体大手のポータルプレーヤーの日足チャートであり、最後の日にスイングトレードとして仕掛けるべきかどうかという局面である。日足チャートで見ると上昇トレンドの第二段階にあるこの株価は、上昇する20日移動平均線、直近の上昇で新高値の更新などの条件はそろっているが、気になるところもある。直近の上昇の半分以上の押し、強力な長大陽線が帳消しされていることもあり、はたしてスイングトレードで買っていくのが適当なのかどうか迷うところである。そこでこの局面をズームダウンした60分足チ

図5.18 ポータルプレーヤー（5分足）

9/20

プリスティーンの買いセットアップ
（リバーサルタイム、上昇する20期間MAの上にある株価、上方に空けたギャップを埋める動き——など）

20期間MA

5 MINUTE CHART

To view charts in color go to: www.traderslibrary.com/TLEcorner

ャート（**図5.17**）を見ると、押し幅は直近の上昇分の半分以上だが、真の値動きは前日から始まっていた。株価は上昇に転じた20期間移動平均線の上にあるなど、この日の上方ギャップを空けて寄り付いたところはプリスティーンの買いセットアップとなっている。また、ストップポイントも日足チャートの位置よりもきつめで、2本目の60分足の安値の下である27.25ドル前後に置く。

今度は60分足チャートで上ヒゲが出た（午前9時35分のリバーサルタイム）あとを5分足チャート（**図5.18**）で見ると、この上方ギャップを埋める絶好の押し目が形成され、午前10時のリバーサルタイムにはプリスティーンの買いセットアップ（PBS）となっている。この仕掛けのストップは15～20セント下に置く。5分足チャートのこの局

面は、スキャルパーにとっては絶好の仕掛け場である。また、スイングトレーダーにとってもこうした短い時間枠のチャートはあまり見ないかもしれないが、ここで買っていけば結果的に損失になることはない。

日足チャートのピボットポイント

　ここで再び日足チャートに話を戻すと、多くの株式ははっきりしたトレンドのない期間が多いものの、何らかのトレンドが見られるときは、数週間または数カ月にわたる主要な領域というものが形成される。ここではこうした領域を利用したトレードを紹介しよう。株価のパターンははっきりした上昇トレンドと下降トレンド、トレンドのない横ばい局面の3つに大別されるが、トレンドのある局面でははっきりしたメジャーとマイナーな支持線と抵抗線、トレンドラインなどが確認できる。そうした相場では移動平均線も長期にわたって同じ方向にきれいな曲線を描き、重複する足や空白の価格帯（ギャップ）なども見られない。そうしたトレンドがブレイクされるとき、われわれはどのように対処したらよいのだろうか。

　図5.19はマイクロチップ・テクノロジーズの日足チャートであるが、全体として高値と安値を切り上げる上昇トレンドとなっている。そのなかでA、B、Cは長期の底が形成されているが、そこではどのようなスタンスで臨むべきなのか。矢印Aでは6日間にわたって続落したあと長大陰線が出現し、その翌日に「強気の20/20バー（上下のヒゲが値幅の20％以下のやや長い陽線）」と呼ばれる足が見られ、出来高も増えている。その翌日はほぼ同じ水準で寄り付いたあとも上値を追い、この安値水準は一度もブレイクされることはなかった。こうした局面では短期のゲリラトレードで臨むべきであろう。

　矢印Bでも、われわれが「やや強気のモーゲージプレー（Minor

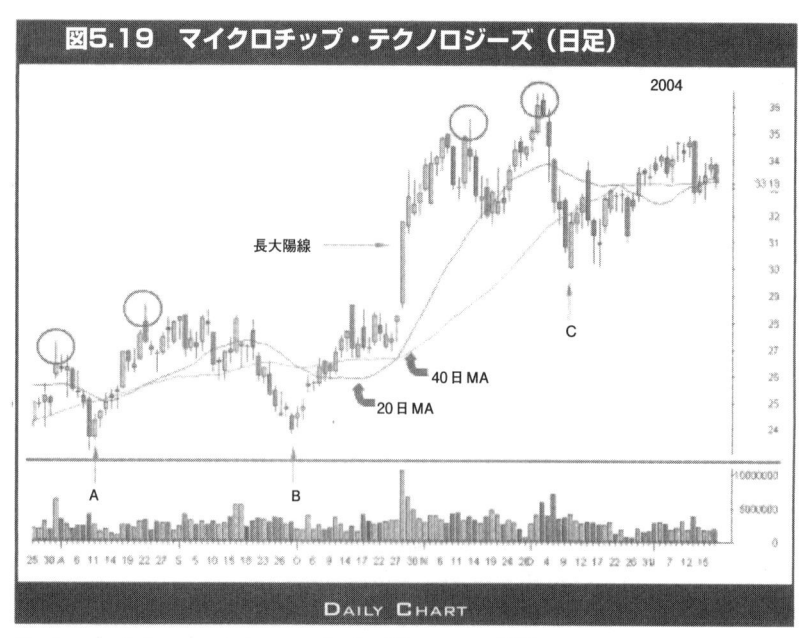

図5.19 マイクロチップ・テクノロジーズ（日足）

Bullish Mortgage Play）」と呼ぶゲリラトレードで対処するのがよいだろう。①株価は２つの移動平均線の下にある、②前の安値を試している、③６～７日にわたり続落している、④比較的小さな陰線が出現している——など、ここの安値水準はかなり弱そうに見える。しかし、その翌日は直近数日間の高値水準まで小さなギャップを空けて始まったあともジリ高歩調をたどり、結局この切り上げられた安値はそれ以降も破られることはなかった。

　Ｃでも「上方ギャップとスナッププレー（Bullish Gap & Snap Play）」と呼ぶゲリラトレードで臨むのがよいだろう。５日間にわたって続落したあと長大陰線が出現し、その翌日は下方ギャップを空けて寄り付き、前日の安値水準を下抜いたところが買いのセットアップになっている。また、安値を切り上げて、結局この日の安値がそれ以

降に破られることはなかった。こうした安値水準で出来高が増えていることも、短期のトレンドが転換するシグナルとなる。

　また、ほかの点も指摘しておきたい。目先天井となった○の部分を見てほしい。分かってほしいのは、トレンドは上昇しており、これらの目先天井でトレンドが反転するのを探しているわけではないということだ。これら４つの丸をした高値局面ではいずれも上ヒゲを出して、押しが始まっているが、ブレイクアウトした長大陽線はその後、その安値を試されることはなかった。これは価値ある示唆を含んでいる。

トレンドに逆らう

　あなたは「トレンドは友である」という言葉を聞いたことがあるだろう。トレードの92％はトレンドに乗らなければならないが、残りの８％（セリングまたはバイイングクライマックスの局面など）はトレンドに逆らうトレードも効果的である。そうした局面では新高値や新安値を付けたということではなく、押し（または戻り）幅の厳密なルールに基づいてトレードしなければならない。しかし、以下ではこの８％のクライマックスの局面におけるトレードというよりも、92％のトレンドに乗るトレードの大切さについて話していこう。

　トレンドは何らかの大きな出来事が起こったり、比較的長い時間枠のトレンドラインなどがブレイクされるまで継続する。われわれは株価の大天井や大底をとらえることはできないので、その間の流れのなかから利益を引き出すしかない。例えば、ベースとなる水準（ピボットポイント）からの上げ幅が下げ幅の２倍であるとき、どのようなトレードで臨むべきなのか。

　図5.20は、管理ソフトウエアベンダーのマーキュリー・インタラクティブの日足チャートであり、きれいな上昇トレンドが続いている。その上げ幅と下げ幅に注目すると、上下のＡ～Ｃの上げ幅はいずれも

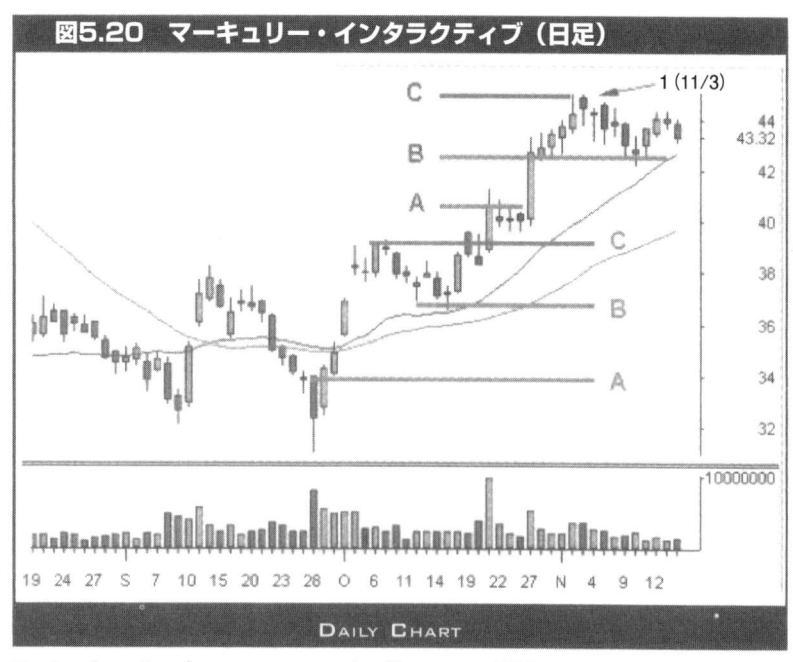

図5.20　マーキュリー・インタラクティブ（日足）

To view charts in color go to: www.traderslibrary.com/TLEcorner

C～Bの下げ幅のほぼ2倍になっている。これはけっして偶然ではなく、いわゆる上昇トレンドにおける半値押しを形成している。つまり、上昇局面では下降局面よりも2倍の利益が取れるということである。これとは逆に、例えば矢印1の陰線で売るとすれば、その利益目標はA～Cの上げ幅の2分の1以下となる。このチャートを見てもトレンドに乗ることの大切さ、そしてトレンドに沿ったトレードはスムーズであるが、トレンドに逆らったトレードはギクシャクしているのが分かるだろう。

　こうした局面でストップロスをきつめに置くときのケースを考えてみよう。**図5.21**は同じマーキュリー・インタラクティブの11月3日（日足チャートの矢印）の5分足チャートであるが、株価は寄り付き直後にAまで下げ、その後Bまで上げたので、Bがストップポイントになるだろう。しかし、株価はその後Cまで上げたあとに反落したの

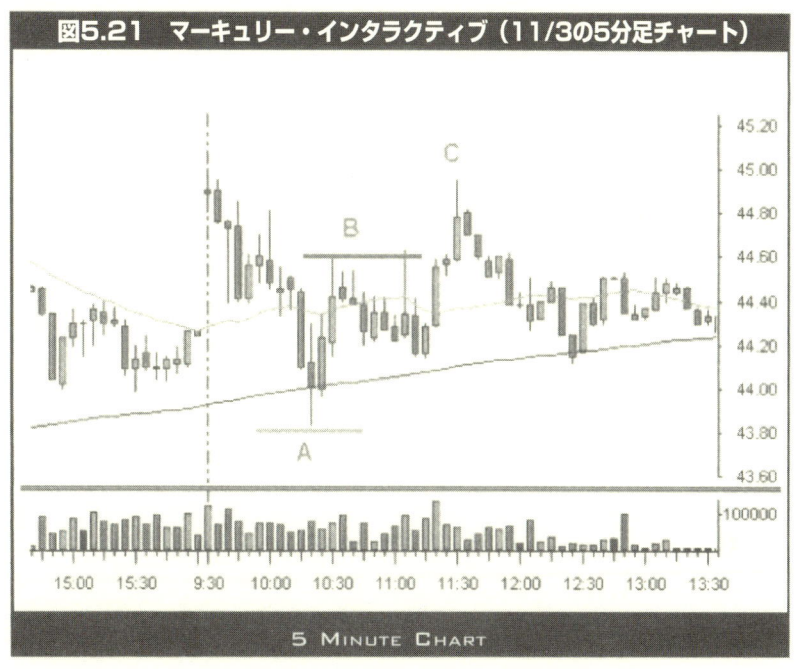

図5.21　マーキュリー・インタラクティブ（11/3の5分足チャート）

で、このストップには簡単に引っかかる。翌11月4日の5分足チャート（**図5.22**）を見ると、株価がAまで急落し、日足チャートで見たものよりもきつめにストップロスを置こうとすれば揉み合い局面のBになるだろう。また、Cへの上昇はストップをのみ込み、上昇し続けた。日足で見れば、下落しているにもかかわらず、である。このようにトレンドに逆らったトレードをすれば、手にする利益が限られるだけでなく、ポジションをマネジメントするのも難しい。優れたトレーダーは、トレンドは本当に友なんだということをよく知っている。

トレンドはどのように終わるのか

　多くのトレーダーが犯す大きな間違いのひとつは、トレンドが終わ

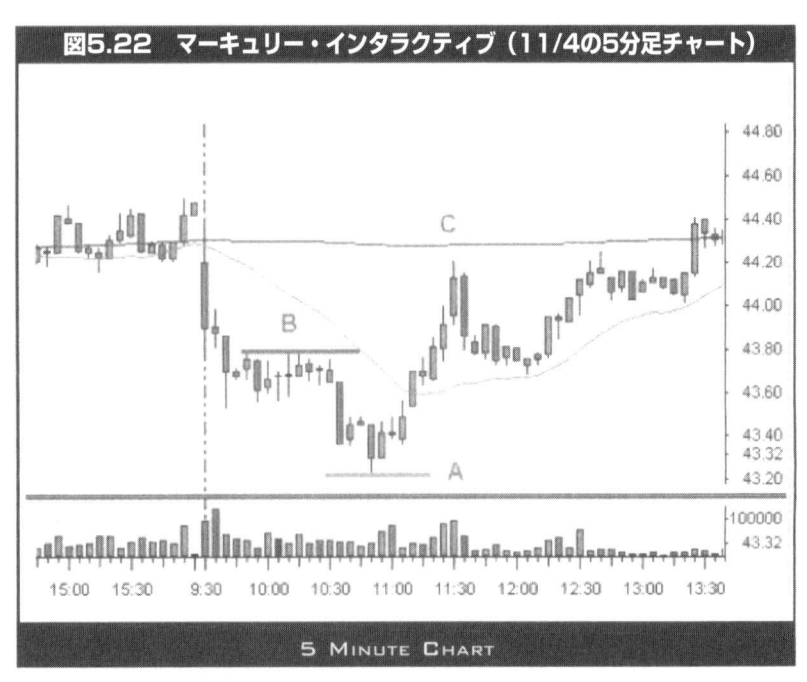

図5.22 マーキュリー・インタラクティブ（11/4の5分足チャート）

るときを予測しようとすることである。確かにどのようなトレンドもいつかは終わるが、大切なことはトレンド転換の兆候を見逃さないことである。具体的には、①それまでのトレンドに沿ったポジションをいつ手仕舞うのか、②どの局面で様子見とするのか、③新しいトレンドに沿ったトレードをいつ始めるのか——である。

　図5.23は、電力大手のAESコーポレーションの日足チャートであり、ポイントとなる局面には１～９の番号を付した。チャートの左半分は上昇トレンドの第二段階にあり、株価も常に20日移動平均線の上に位置し、高値と安値を切り上げる力強い展開となっている（上昇トレンドラインもかなり急勾配である）。こうした力強い上昇が続いたあと、２で上ヒゲが出現した。ここで問題となるのはどのような押し目になるのかである。急反落した３では連日ダマシの下ヒゲが見られ

第5章　いろいろなチャートパターン

図5.23　AESコーポレーション（日足）

たが、株価は一時的に前のピボットポイントの安値（1）を割り込んで上昇トレンドラインを下にブレイクした。このような急勾配のトレンドラインがブレイクされ、しかも直近のピボットポイントの水準も支持されなかったというのは、何らかの意味があると考えるべきであろう。

　戻りが予想される3では買ってもよいが、新高値を更新するのは難しいだろう。戻りの利益目標を小さく抑えたり、またはここでは様子見に徹してもよい。次のポイントの4では新高値を試したが、それに届かないより安い高値に終わった。攻撃的なトレーダーであれば、新しい下降トレンドの始まりと見られるこの揉み合いで売っていくだろう。4日間にわたってジリ安となったあと、下方ギャップを空けて直近の安値水準まで急落した。ここから再び6まで戻り歩調をたどるが、

143

高値は更新されなかった。その途中では小さな強保ち合いなどの局面も見られた。しかし、この株の大勢観は変化したと見てよいだろう。ここから大量の売りが出て状況は一変し、6直前の大きな陽線はダマシの長大線となり、これは新しいトレンドのサインとなった。

ここから下降トレンドが始まるわけであるが、ここに至る2週間には2〜3回の売りのチャンスがあったはずだ。株価に3のメジャーな支持線を下抜く長い下ヒゲが出現した。これは一時的な売られ過ぎを表すヒゲであり、ここを新規に売るのは賢明ではなく、戻りは弱い。その後の下放れは9の長大陰線で出来高も急増した。ここは今回の上昇トレンドがスタートする前の揉み合いと同じ水準であり、株価はこれ以上大きく下げることはないだろう。

これまでの流れのなかで買いと売りを仕掛けるチャンスは何回もあり、たとえ完璧に仕掛けられなくても収支トントンで逃げることはできただろう。チャートは株価の足跡を表す地図であり、絶対に嘘をつくことはない。チャートの意味するものを正確に理解できれば、トレンドがどのように終わるのかも分かるようになる。

日中のトレンド

日中足でトレードするスキャルパーやデイトレーダーは、1〜2分足や5分足というかなり短い時間枠のチャートを使っている。彼らがそれよりも長い時間枠のチャート（日足など）を見ないのは、トレンドの出現が遅いなどの理由からであろうが、少し長めのチャート（30分足、60分足、180分足など）も見ないとなると、日中のトレンドを読み誤ることになる。

図5.24はQQQQの14日間の動きを表した180分足チャートであるが、6月初めまで株価は上昇する20期間移動平均線の上にあり、高値と安値を切り上げるきれいな上昇トレンドを描いている（上記の高値

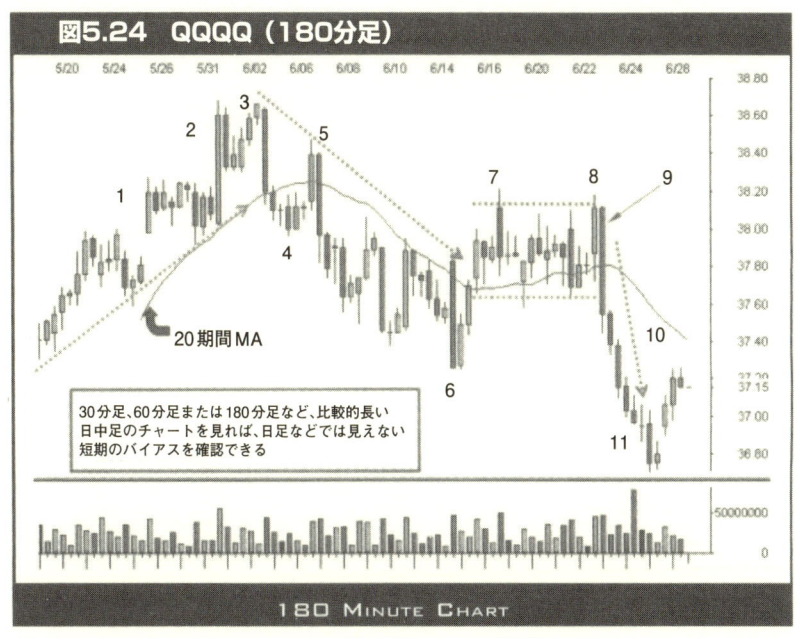

第5章 いろいろなチャートパターン

図5.24 QQQQ（180分足）

20期間MA

30分足、60分足または180分足など、比較的長い日中足のチャートを見れば、日足などでは見えない短期のバイアスを確認できる

180 MINUTE CHART

To view charts in color go to: www.traderslibrary.com/TLEcorner

とはこの高値の前後により安い高値を付けている逆Ｖ字天井のピボットポイントのことであり、安値とはこの安値の前後により高い安値を付けているＶ字底のピボットポイントのことである）。

　こうしたチャートを分析するのは短期トレンドの方向を見るためであり、それが上昇トレンドであれば押し目買い、揉み合いではブレイクアウトを狙うことになる。しかし、株価が20期間移動平均線から大きく上方乖離したときは（２％以上など）、一時的に買いを見送るべきだ（下降トレンドでは戻り売りなど、これとは逆のトレードとなる）。

　図5.24の１は上昇トレンドを確信させる値動きで、２の長大陽線は上昇トレンドがまだ続いていることを意味しているが、３ではギリギリで新高値更新となった。これはまだ上昇トレンドが続いているものの、まもなくトレンドが転換するかもしれない警告となっている。

145

4への下落は前の安値よりも上では止まらず、ほぼ同じ位置まで下げている。これは上昇トレンドが鈍化したことを示しており、3の高値を更新できなかった5は下降トレンドが始まるシグナルとなる。ここから高値と安値を切り下げる展開となり、6までほぼ一気に下げている。

6からの強い戻りは下降トレンドの終焉の兆しかもしれないが、7～8ではしばらく揉み合っている。このトレンドがはっきりしない揉み合いではトレードを控える時間帯である。しかし、9の長大陰線で下降トレンドが再スタートし、株価は11まで急落した。しかし、この水準では20期間移動平均線との下方乖離率がかなり大きくなった。ここでは空売りの買い戻しや休みをとる時間であることを示している。このように、例えば日足チャートではトレンドの方向がよく分からないときは、こうした日中足のチャートを見ることによってトレンドの方向が確認できる。

日中のリバーサルポイント

スイングトレーダーは60分足（または30分～180分足）チャートから仕掛け場や利益目標、ストップの基礎となる支持線や抵抗線などを見つけようとする。特に日足チャートでは揉み合いのような局面でも、ズームダウンした日中足を使えばスイングトレードのチャンスをとらえられる。以下ではこの60分足チャートを使って、大きなリスクをとらないで仕掛けられるリバーサルポイントを見つけてみよう。

図5.25は11日間のQQQQの動きを表した60分足チャートであるが、特に最後の2日間である8月10～11日に焦点を当ててみよう。この時期はダマシの上放れや下放れがよく見られる夏期のちゃぶついた局面で、1～2の動きに注目してみよう。株価は6本の陰線で支持線まで急落しているので、売り時ではない。次の上昇を待ったほうがよい。

図5.25 QQQQ（60分足）

この上昇は買いでも十分トレード可能かもしれないので、ズームダウンしたチャートでこのクライマックス的な急落の様子を見てみる。問題は長大陽線が出現したことから、ストップをかなり離れた位置に置くことになることだ。ここからはあまり大幅な上昇も期待できないので、この離れた位置に置くストップは勝ったときの利益に見合わない。

そこでこの2日間をズームダウンした5分足チャート（**図5.26**）を見ると、1のセリングクライマックス局面では大商いを伴って2本の下ヒゲが出現している。2は高値を切り下げているのでまだ下降トレンド中であるが、1がセリングクライマックスの大底であると予想されるので、ここを売るのは賢明ではない。3は最初の安値の切り上げで、大底から少し上昇したところでプリスティーンの買いセットアップが整っており、攻撃的なトレーダーであればここを買っていくだ

図5.26 QQQQ（5分足）

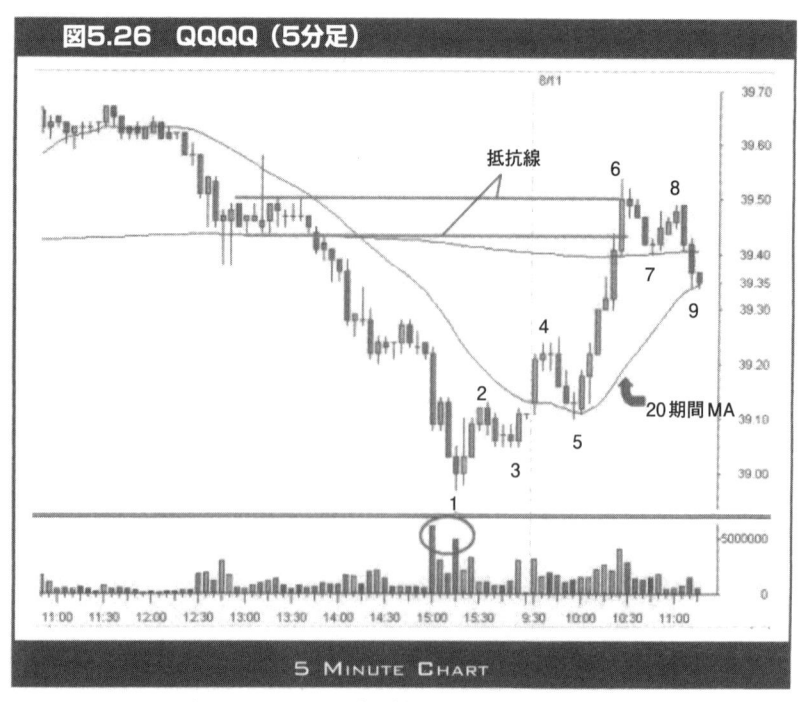

ろう。4は高値を切り上げて、5は5分足の新しい上昇トレンドがスタートして初めての買い場である。

　2本の横線はこの新しい上昇トレンドの最初の抵抗線を表しており、そこまでは株価がスムーズに上昇する売り物の少ない空白地帯である。7は急上昇後の最初の押し目であるが、ここで買うのは避けるべきだ。その理由は、まず株価が最初に試された抵抗線が確認できたこと、二番目には60分足チャートで大底から急反発した水準であるからだ（おそらくテクニカルな反騰であろう）。8は前回の高値を下回ったより安い高値（高値を更新できなかった高値）なので、3で買ったトレーダーはここで利食いするだろう。以上は日中足のトレンドが転換する一般的なケースであり、トレンドの転換についてはさらに検討していく。

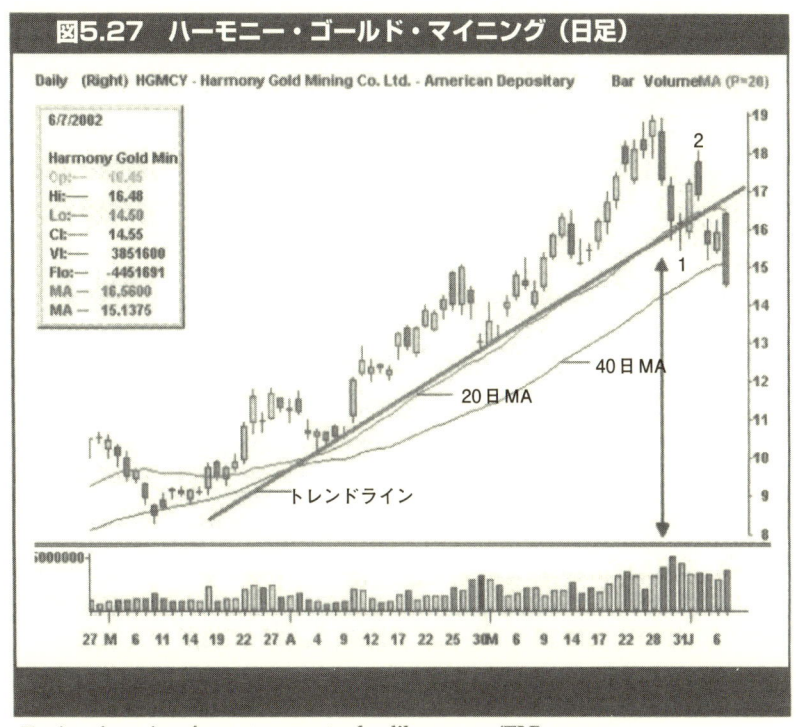

第5章 いろいろなチャートパターン

図5.27 ハーモニー・ゴールド・マイニング（日足）

トレンドの転換——1

　初心者やベテランを問わず、トレーダーがよく犯す間違いのひとつは、「この株価は高すぎるのでまもなく反落するだろう」という理由で強い株式を売ることである（または、「この株価は安すぎるのでこれ以上は下がらないだろう」として弱い株式を買う）。しかし、どれほど強い（または弱い）株式でもいつかは反転するので、以下ではそのタイミングをとらえる方法について検討していこう。まず最初は、力強く上昇してきた株式が次第に下降トレンドに変わるケースを見ていく。

　図5.27は、産金大手のハーモニー・ゴールド・マイニングの日足

チャートで、下は40日移動平均線、上は20日移動平均線、右上がりの直線はトレンドラインである。3月～6月初めの株価は、①2つの移動平均線がともに上向きである、②20日移動平均線が40日移動平均線の上にある、③高値と安値を切り上げる展開となっている──など、株価は上昇トレンドの第二段階にある。すべての押し目は20日移動平均線でサポートされており、そこは絶好の買い場となっている。こうした上昇で売るのは勝率も低く、手にする利益もかなり限定されるだろう。

一方、トレンドラインがブレイクされただけでこの上昇トレンドが終了することにはならないが、1の局面はいろいろなことを示唆している。まず第一に、1の前の2本の長大陰線は大量の売りを伴う「売り抜けの足（Distribution Bar）」であり、ここで上昇トレンドラインと20日移動平均線がブレイクされた。しかし、ここは仕掛け場ではなく、もう少し成り行きを見守るべきだ。攻撃的なトレーダーは高値を更新できなかった2で売るかもしれないが、一般には次の戻りを待つことになる。

トレンドの転換──2

これまで上昇トレンドから保ち合いへ、または潜在的な下降トレンドに移行する局面を見てきたが（上昇トレンドの第四段階→下降トレンドの第一段階）、次は下降トレンドがどのように上昇トレンドに転換するのかについて見てみよう。**図5.28**はアップルコンピュータの5分足チャートで、上は40期間移動平均線、下は20期間移動平均線、右下がりの直線はトレンドラインである。

このチャートでは昼過ぎから下降トレンドが始まり、午後1時ごろから急落局面となった。その特徴は、①長めの陰線が連続して出現している、②戻りは途切れ途切れである、③下降トレンドラインは

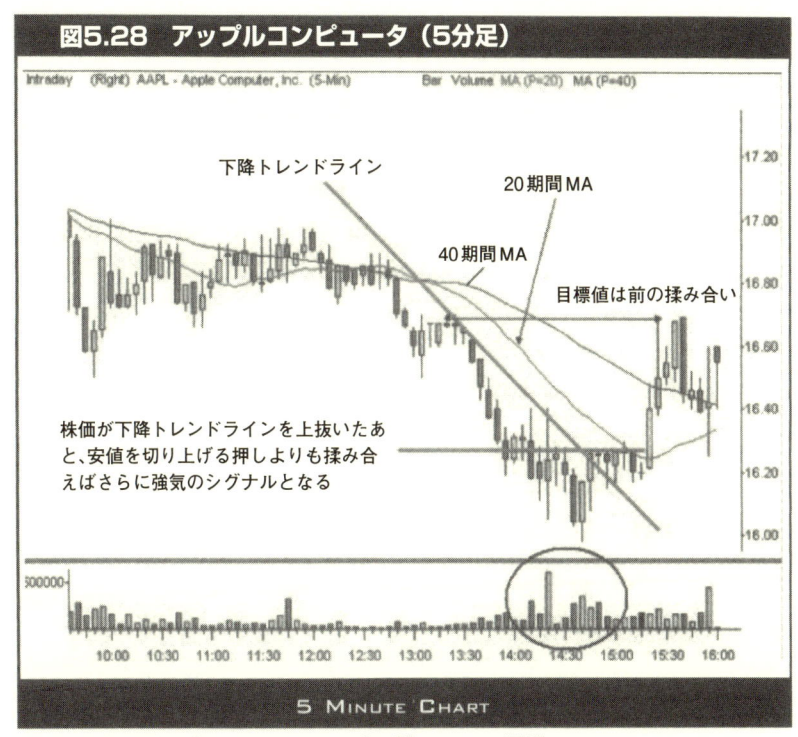

図5.28 アップルコンピュータ（5分足）

下降トレンドライン
20期間MA
40期間MA
目標値は前の揉み合い
株価が下降トレンドラインを上抜いたあと、安値を切り上げる押しよりも揉み合えばさらに強気のシグナルとなる

45度以上の急勾配となっている。④陰線にはヒゲがほとんど見られない。こうした下降トレンドの途上で戻したところは絶好の売り場になる。しかし、まもなくこの下降トレンドが終わるいくつかの兆候が現れている。そのひとつは午後2時20分ごろに何本かの大きな下ヒゲと上ヒゲ、それに大商いになったことである。これは売りポジションが買い戻されているのであろう。それ以外にも、これまでの下降トレンドの終了を示唆するいくつかのシグナルが見られる。

まず大商いになったあとの午後2時45分には、株価が下降トレンドラインを上抜いたことである。それから安値を切り上げたところを探し、攻撃的なトレーダーであればそこを買っていくだろうが、株価がこの水準をブレイクアウトするときを待ってもよい。株価が安値を切

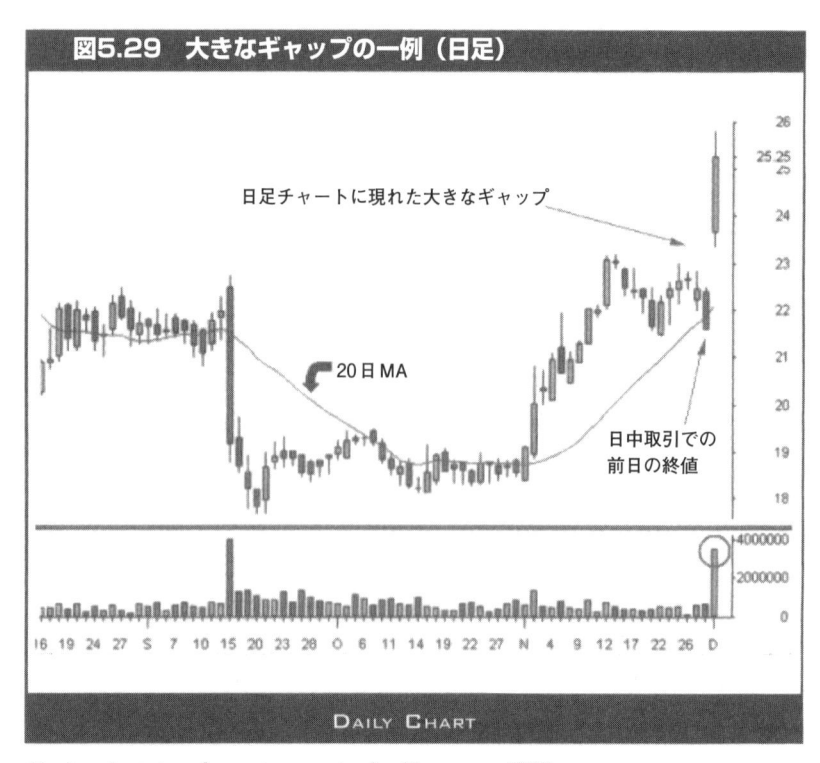

図5.29 大きなギャップの一例(日足)

図中ラベル: 日足チャートに現れた大きなギャップ／20日MA／日中取引での前日の終値／DAILY CHART

To view charts in color go to: www.traderslibrary.com/TLEcorner

り上げる押しよりも揉み合いとなればさらに強気のシグナルとなり、そこは絶好の買い場となるだろう。目標値は直前の下降分の半値戻しのところか、マイナーな抵抗線があるところである。

ギャップトレード——1

　以下では2回にわたって、ギャップとそれが出現する理由、それが意味するものなどについて検討する。ギャップとは前日の終値を飛び超えて寄り付くパターンである(以下では日足のギャップだけを対象とする)。また、直近数日間の揉み合いから上方や下方に空けるギャ

ップもある。こうしたギャップはすべての株式のほか、ナスダックのような株価指数でも見られる。なお、前日の大引け（東部標準時の午後4時）から翌日寄り付き（午前9時30分）の間には、ECN（電子コミュニケーション・ネットワーク）の時間外取引（引け後と寄り付き前取引）もあるが、ここではそれらのギャップは考慮しない。

例えば、XYZ株が37ドルで引けたあと、引け後取引で38ドル、翌日の寄り付き前の取引で38.5ドルから39.5ドルまで上昇したが、9時30分の証券取引所では37.10ドルで寄り付いたとすれば、ギャップ幅はわずか10セントとなる。戦略を立てるときに、引け後と寄り付き前の取引を見てギャップを空けてトレードされていることに気づくかもしれないが、時間外取引のギャップは大した問題ではない。人は株を売買し、それによって資産を作ったり、お金を失うこともあるが、ギャップはそんなことに何の関係もないのである。

そうしたギャップはなぜ出現するのだろうか。個別銘柄のギャップを引き起こすのは、その企業の業績や予想利益の発表、アナリストの格付け変更、いろいろなうわさ、インターネット掲示板の情報、CNBCのニュース、企業幹部のコメントなどである。また、あるセクターの株式や市場平均がギャップを空けるときは、経済リポート、景気や政治関連のニュース、9.11同時多発テロのような世界的な大事件などが引き金となる。それが何であっても、ギャップを引き起こす原因は大引け後の出来事であり、それが翌日寄り付きに大量の買いまたは売りを誘うからである。そうしたギャップを利用したトレード手法には、ギャップのあとに仕掛けるスイングトレード、ギャップ後1〜2日のうちに仕掛けるゲリラトレードなどがある。

そうしたギャップトレードにはいくつかの一般的なルールがある。そのひとつは、寄り付きに出現した大きなギャップのところで仕掛けてはならない（例えば、寄り付きの大きな下方ギャップでは売らない）ということである。マーケットメーカーがそうしたギャップを大きく

するように操作することもあるからだ。また、大きなギャップのあとにはその反動も大きいので順張りトレードは危険である。ギャップを利用するのは逆張りトレード（大きな上方ギャップを売る、または下方ギャップを買う）であるが、これらはいずれも一般的なルールである。

　いずれにせよ、株価がギャップを空けて寄り付くというのは、多くの投資家とトレーダーが何らかのサプライズを伴うニュースをすでに知っているということである。一方、そうしたニュースを知らないトレーダーはその株式がギャップを空けた理由を理解できず、したがってテクニカル分析もできない（なお、多くのギャップは埋められるが、そうでないこともある）。

　日足チャートで株価がギャップを空けて寄り付いたら、まずはそのギャップの大きさと株価水準を調べよう。次にギャップの空けた方向へのさらなる値動き、支持線と抵抗線のレベル、株価のレラティブストレングスなどを分析する。支持線の下に空けた小さな下方ギャップでは売り、支持線の上に空けた大きな下方ギャップのときは買ってみよう。チャートを見るとギャップが大きいか小さいか、抵抗線はどこにあるかなどはすぐに分かる。ギャップが何を意味するのかは、ベテランのトレーダーにとっても分かりにくいものである。これまで述べてきたのはギャップトレードのほんの一例であり、皆さんは実地を通してそれらに慣れていくしかない。以下ではギャップトレードについてもう少し説明するが、それが皆さんのギャップの理解とそれを利用したトレードに役立つならばそれに越したことはない。

ギャップトレード──2

　強い株式を買い、弱い株式を売るというのが通常のトレードのルールである。**図5.30**は、強気のパターンでかつ高値で安定しているように見える。このケースでは、強気は売りのセットアップになってお

図5.30 ティーボ（日足）

チャート内ラベル: 長大線、前日の終値、20日MA、下方にギャップを空けて寄り付く

DAILY CHART

To view charts in color go to: www.traderslibrary.com/TLEcorner

り、トレーダーは大きな下方ギャップにつかまった格好になった。テレビ録画サービスのティーボのこのチャートを見ると、長大陽線から下にギャップを空け、揉み合いから下放れた。このギャップは株価をさらに下方に押しやり、引けたときには取引されていない価格帯ができてしまった。そのため買い方は思いどおりの価格でポジションを手仕舞うことができなかった。そしてこのギャップのあとも大量の売り物が出始めた（出来高の増加に注目）。

一方、電子商取引サービスのベリサインのチャート（**図5.31**）は上昇トレンドを描いているが、2本の長大陰線を含む3本の足によって株価は急落したが、上昇トレンドは終わったのだろうか。翌日は上方ギャップを空けて前日の長大陰線のほぼ半分の水準まで急反発した。株価がこの大きな陰線の安値を下抜かなければ一段高になる可能性が

図5.31 ベリサイン(日足)

上方にギャップを空けて寄り付く

長大線

前日の終値

20日MA

DAILY CHART

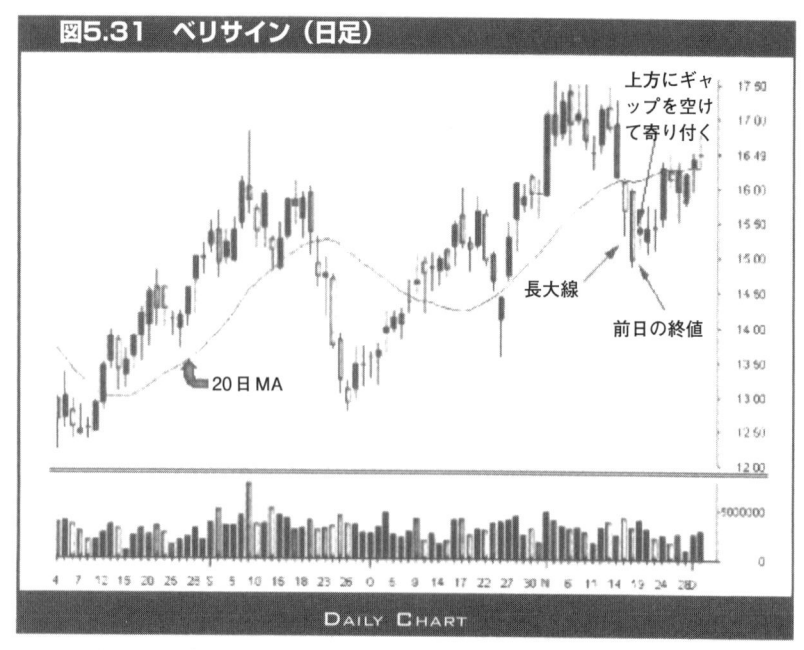

To view charts in color go to: www.traderslibrary.com/TLEcorner

高い。このギャップが売り物を止めさせ、反転上昇の引き金になったようだ。

　このようにギャップはいろいろな形を取り、その多くはトレードするのが難しいが、その条件(直近のパターン、ギャップ幅、市場平均と比較したギャップのレラティブストレングス、支持線・抵抗線——など)を詳しく分析することによって有利なトレードのチャンスをとらえられるだろう。そのときのポイントは、①きつめのストップを置く、②早めにポジションを手仕舞う、③午前10時などのリバーサルタイムに利益を確定する——などである。

　以上はいろいろなギャップトレードのほんの一例にすぎないが、皆さんのトレードのバリエーションを広げることに少しは役立つと思う。

第6章 チャート分析

Chart Lessons on the Market

ナスダックのチャート分析

　私はほとんど毎日、「明日の株価はどうなると思いますか」という質問を受ける。それに対する私の回答は、「下がらなければ、ほぼ確実に上げるでしょうね」といったようなものである。すると講演の会場では爆笑が起こるが、続いて今の株価の状況について解説し始める。実際に明日はもとより、1週間、1カ月、ましてや1年先の株価を予想できる人はだれもいない。1年先よりも明日の株価を予想するほうが比較的確率は高いかもしれないが、政治・経済情勢、金利、企業の業績、アナリストの格付けなどがどうなるか分からない将来を予測するのは不可能である。

　私は「今後株価はどちらに向かうのか」といった予想に基づいてトレードすることはない。トレーダーは株価がどちらに向かおうとも毎日トレードチャンスを見つけ、必要に応じて直ちにトレードする方向を変えなければならない。しかし、チャートに基づいて株価がこれからどちらに向かうのかを予測することは必要である。私はチャートを見て、株価が今後数日間にどうなるのかについていくつものシナリオを描いている。デイトレードやスイングトレードをするときもそうする。これは絶対確実なものではないが、とても大切なことである。

図6.1 ナスダック総合指数（日足）

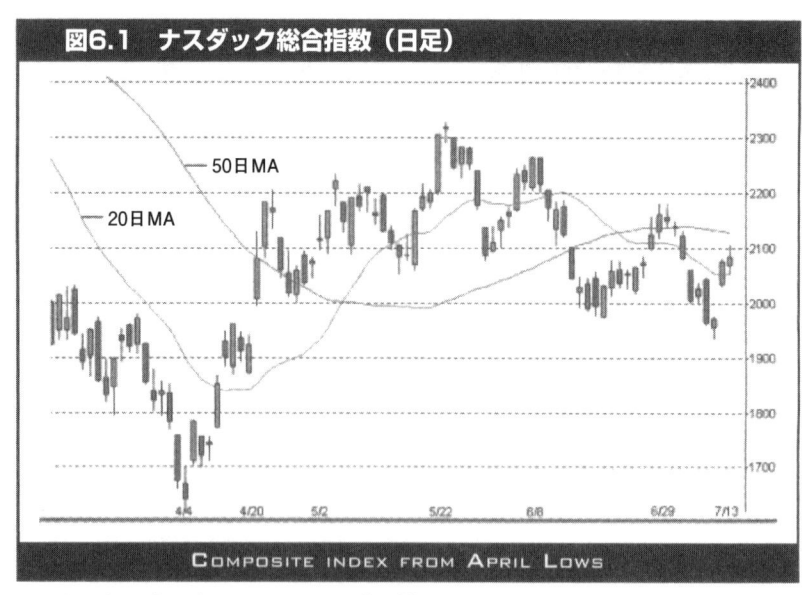

COMPOSITE INDEX FROM APRIL LOWS

To view charts in color go to: www.traderslibrary.com/TLEcorner

　図6.1はナスダック総合指数の４月初めの安値からの日足チャートで、左下の曲線は20日移動平均線、左上の曲線は50日移動平均線である。株価はそれ以降に急上昇し、トレードするのに十分値するだけの値幅を形成した。一方、図6.2はいろいろなポイントやトレンドラインを加えたこれとまったく同じチャートであるが、ＡとＢは揉み合い、Ｃ～Ｇは主要な安値、１～６は主要な高値を表している。まず４月５日には大きな陽線を伴って直近の安値から上方ギャップを空けたが、これは下降トレンド途上の小さな戻りにすぎない。しかし、それから３日間にわたって保ち合ったあと、４月10日に再び上方ギャップを空けたときの動きには注目すべきである。翌日には売り物が出て陰線（４日間にわたるＢの揉み合いの最初の足）となるが、下げ幅は小幅にとどまっている。一般に上方ギャップを空けた翌日は大きく下げることが多いが、ここでは値を保っている。さらに、Ｂの揉み合いは下降トレンドラインの上にあり、この４日間も株価が押すことはなか

図6.2 ナスダック総合指数（日足）

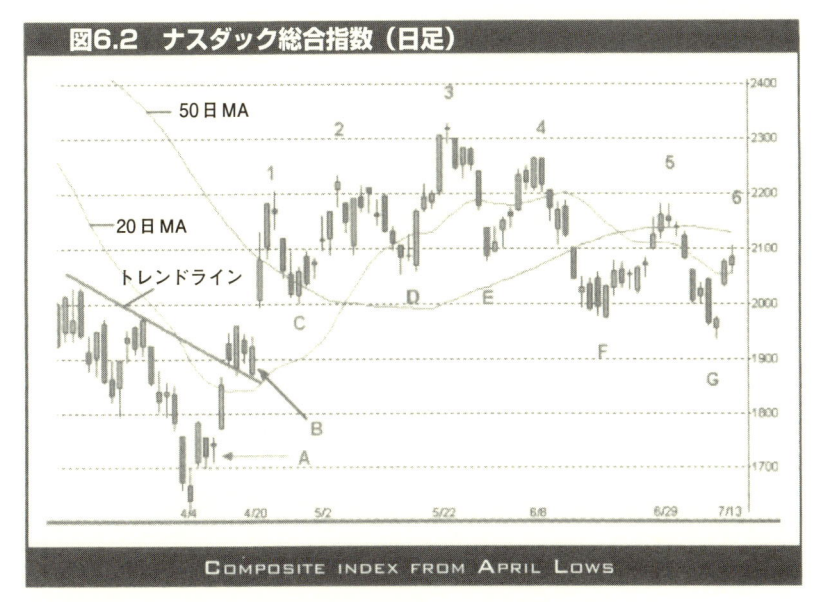

COMPOSITE INDEX FROM APRIL LOWS

To view charts in color go to: www.traderslibrary.com/TLEcorner

った。ここに至って株価の強い基調が確認された。

　それから2日連続して上方ギャップを空けて1まで上昇し、そこから再び下方ギャップを空けてCへ押し目を入れた。ここで図6.3の2本のトレンドラインの数字とアルファベットで示した株価の足取りを見ると、4日間の揉み合いは見事に報われ、その後3日間はギャップを空けて1の高値まで上昇し、翌日は利食いに押された。目標値はどの辺りに置いたらよいのだろうか。1からの3日間の押しは大きく上方ギャップを空けた日の安値であるCに達し、2の高値からの押しはDに到達している。これは、3〜7日間にわたる上げ下げを繰り返し、大きなチャネルを形成しているということである。3では上のトレンドラインをわずかに上抜いて寄引同事線が出現したが、翌日には急反落したことから、上昇トレンドラインのブレイクはテクニカル的なものだったと思われる。また、この3は2と4を両肩とするヘッド・アンド・ショルダーズ・トップ（三尊天井）のヘッドを形成している。

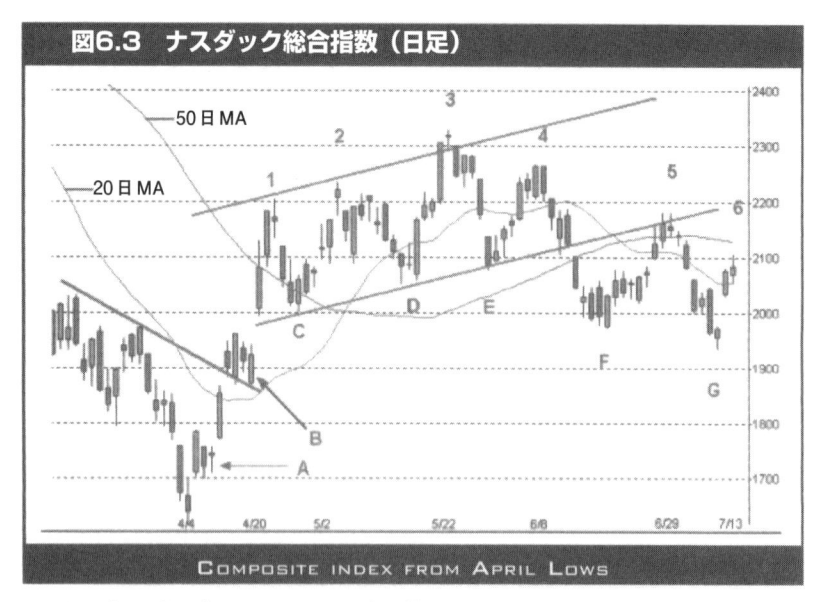

図6.3　ナスダック総合指数（日足）

4は重要な点なので、注意してほしい。上の上昇トレンドラインに届かずに止まっている。陽線で4まで上昇したあと、陰線で下落するのは弱い証拠で、上のチャネルの試しに失敗したのは次の下落で下のチャネルを下抜くことを示唆している。

　図6.4を見ると、4で前の高値を更新できなかった株価は、Fまで急反落し、トレンドの転換を暗示している。ここに至って3が株価の大きな転換点だったことが分かる。ここから、高値の切り下げと安値の切り下げが始まっている。3～6とE～Gを結んだ下降トレンドラインを引くと、ここでも3～7日間にわたる上昇と下落を繰り返している。株価が上のトレンドラインに届かないとなれば、次の主要な安値（H）には注意が必要である。以上のように、トレードではフレキシブルなスタンスで臨み、チャートが示唆する株価の大きな転換点を読み取ることが大切である。

第6章　チャート分析

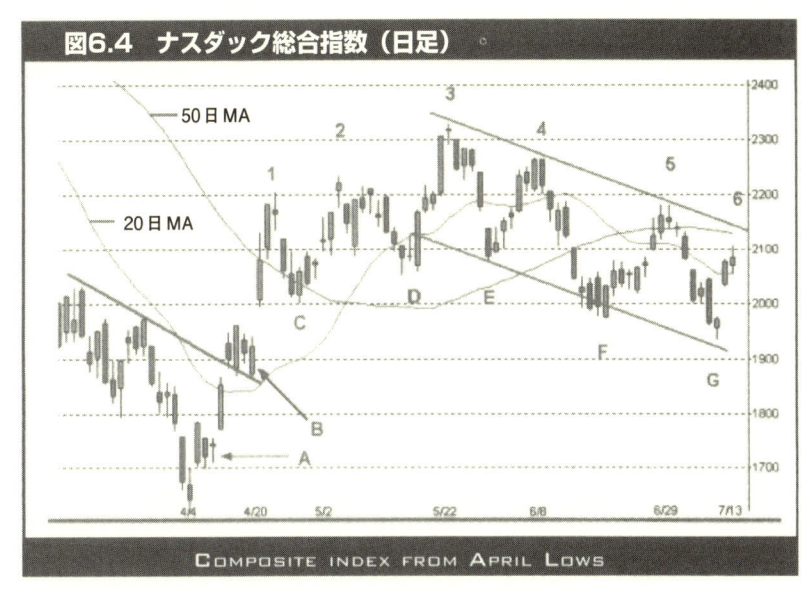

図6.4　ナスダック総合指数（日足）

COMPOSITE INDEX FROM APRIL LOWS

To view charts in color go to: www.traderslibrary.com/TLEcorner

もうひとつの例

　続いてQQQ（ナスダック100指数に連動した上場投信）のチャートを分析してみよう。**図6.5**はQQQの2003年の週足チャートで、左半分は上昇トレンドの第二段階となっている。この間の株価は20週移動平均線と上昇トレンドラインでサポートされ、一貫して高値と安値を切り上げている。

　Aは力強い上昇トレンドのピークで、それ以降にA～Bのほぼ真ん中を通る20週移動平均線の傾きは平坦になってきた。株価は20週移動平均線と上昇トレンドラインを割り込み、ここが天井圏であることを示唆しているが、株価はまだ上昇トレンドの第二段階にあると予想される。Bは買い場となっているが、ここから上昇しても、①すでに上昇トレンドラインが下にブレイクされている、②この押し目はメジャーな支持線（BとDを結ぶ点線）に達している——という理由から新

161

図6.5　QQQ（週足）

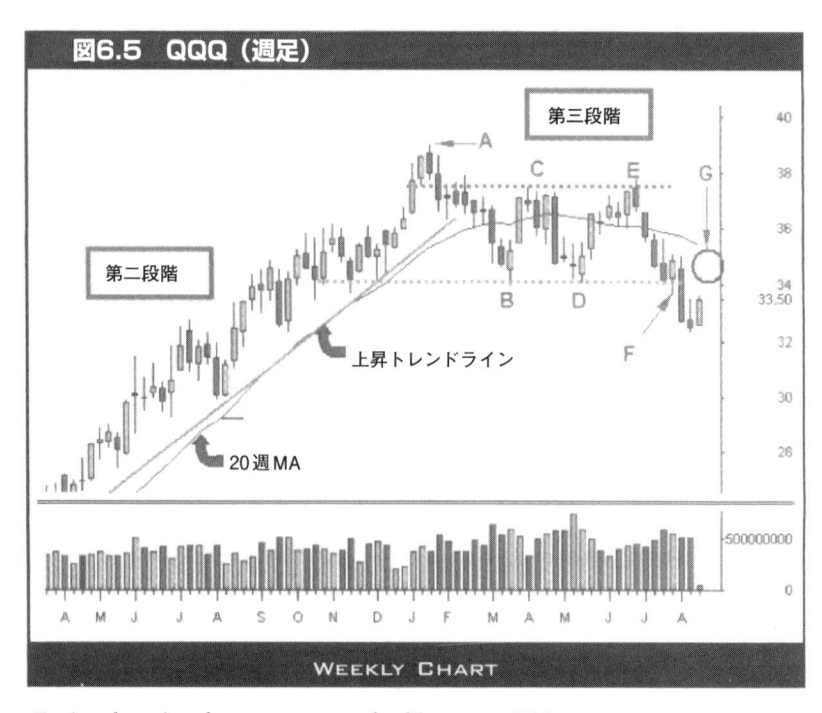

To view charts in color go to: www.traderslibrary.com/TLEcorner

高値を更新することはないだろう。事実、Cでは新高値を更新することはなく、BとDのように安値を合わせ、高値はAよりも安いCとEで顔合わせをしているのを見ると、上昇トレンドは終了したのではないかと予想される。ここでしばらく揉み合うが、これは次の上昇までの強気の踊り場か、または株価の第四段階への移行を示唆する弱気の揉み合いであろう。DとEでは揉み合いを確認することになり、保ち合いが続くことになる。

　読者がここで上昇トレンドが終了したと思ったのなら、早急にそれまでのトレード戦略を変更する必要がある。日足チャートを見てスイングトレードをしている人はまた違った考えに基づいてトレードするかもしれないが、長期の買いポジションを持っているのであれば、ストップの位置を上げる時期に差しかかっているのは確かだろう。新し

い戦略とはこの揉み合いが下にブレイクされる前の揉み合いのなかでの戦略も含まれる。

Fでは株価がメジャーな支持線を一時的に割り込んだが、日足チャートを見ると、この陽線は絶好の買い場のように見える。少なくとも日足チャートで見るかぎり、ここの仕掛けは間違いではないように見える。ここではこの揉み合いは維持されなかった。8月1日が近づいており、この揉み合いは買い場だったのかもしれないが、この揉み合いを下抜いたということは、株価は第4ステージの下降トレンドに移行したことを示唆している。

ここで読者はどのように対処されるであろうか。○で囲んだGの前の揉み合いまで戻ったところを売るのが優位性のある戦略になるだろう。ある明確な価格で売るというのではなく、今は売りで戦略を考えるべきときだということだ。もし売って、それがダマシに終われば、このダマシや強気の動きは買いを示唆するものなのかもしれない。しかしながら、非常に儲かりそうに見えるパターンは失敗することが多いものだ。トレーダーは優位性のあるトレードをするのはもちろんだが、あらゆる場合に備えて、プロテクティブストップを置くなど万全のスタンスで臨むべきである。

ナスダックのチャート分析（続）――1

図6.6はナスダック総合指数の日足チャートで、上の曲線は50日移動平均線、下の曲線は20日移動平均線である。1カ月にわたる下降トレンドの最後の急落局面では、下方ギャップと上方ギャップでアイランドリバーサルが形成された。これは急激な下落のあとに現れる大底のフォーメーションで、アイランドリバーサル以降の7日間は狭いレンジでの値動きとなり、安値を試すことはなかった。大底から4日目には長い下ヒゲが出現し、強い買い方の存在を示唆している。株価が

図6.6　ナスダック総合指数（日足）

- 50日MA
- 急勾配の下降局面
- 20日MA
- 長い下ヒゲのあとに安値を切り上げ、小さなウエッジを形成し、これを上抜けば一気に1600〜1700台に乗せるだろう
- 下方ギャップと上方ギャップで形成されたアイランドリバーサル

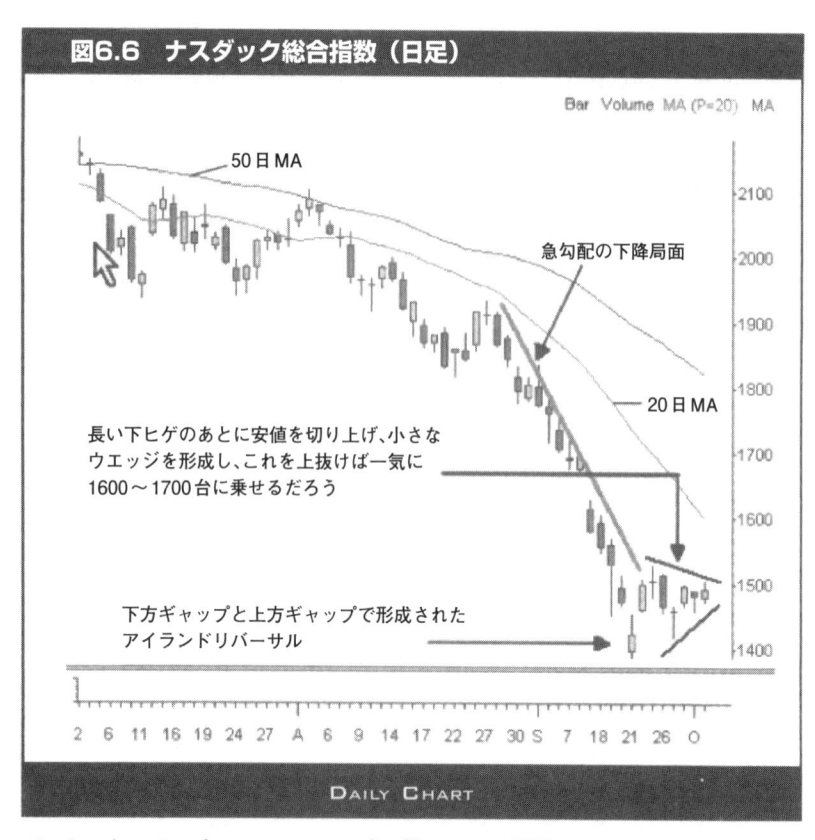

To view charts in color go to: www.traderslibrary.com/TLEcorner

このウエッジ（くさび形）を上抜けば、ギャップを埋めて1700の水準まで一気に駆け上がるだろう。

　図6.7は図6.6に続くナスダックのチャートで、Aで大きな陽線が出現したものの、ここで仕掛けるのは難しい。周到で攻撃的なトレーダーであれば、最初の30分足の高値を上抜いたところを買っていくだろう。問題はこの陽線の高値水準は維持されるのか、それともこれまでのようにここでは売り物が増えるのかである。Bの局面で深押し（半値以上の押し）すれば相場付きは弱いが、押しが浅ければここから一段高になるだろう。しばらく揉み合っている動きから判断すると基調

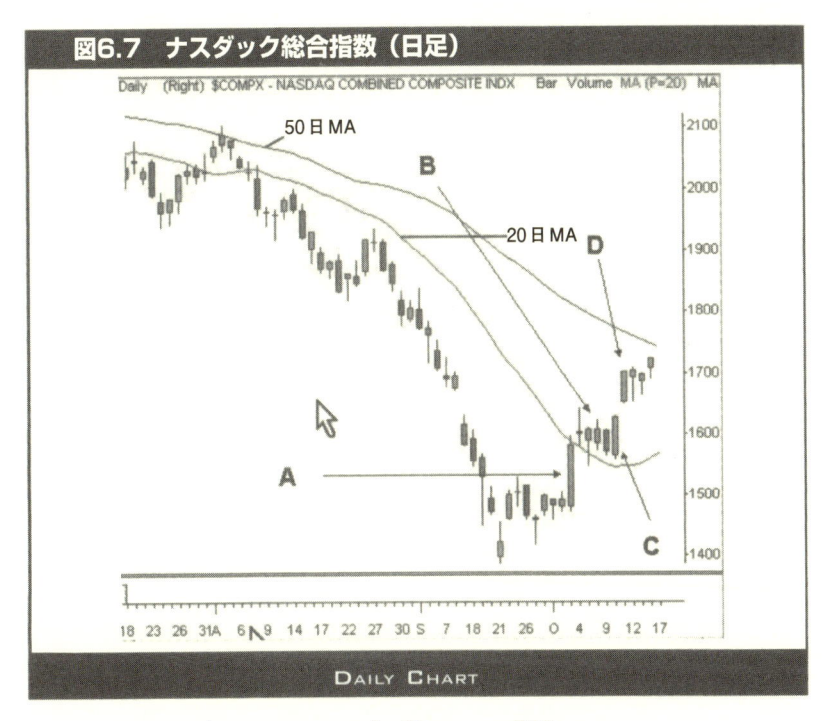

図6.7 ナスダック総合指数（日足）

はかなり強いようだ。たとえ一段高になっても買いを上回るほどの売り物は出ないと予想される。

　5日間にわたる揉み合いの最終日であるCで、前日の安値よりも安く寄り付き、高値よりも高く引けた包み足の長大陽線が出現し、翌日には上方ギャップを空けて一段高となった（D）。Dの高値とCの安値を比較すると、このときの売り圧力や株価の力強さなどが分かる。その後の株価はギャップを埋めて当初の目標である1700台に乗せ、相場の基調は強いように見えるが、50日移動平均線に接近したところはスイングトレードの売り場となるだろう。コアトレードで長期に保有すべきか、それともその一部を利食いするのか、またはコール売り・プット買いといったヘッジをするのかは、そのときの状況を見て判断

図6.8 QQQ（週足）

12月初めに前の主要な高値を上抜き、高値を更新したことから、過去2年にわたる下降トレンドの終了が示唆された

すべきである。

　こうしたチャート分析やテクニカル分析でも絶対に確実なことはなく、また万能の指標や移動平均線といったものも存在しない。いくつかの指標や分析ツールを併用し、それに常識的な判断を加えて優位性を高めるしかない。もちろん、適切なマネーマネジメント、忍耐力と規律などが求められるのは言うまでもない。

ナスダックのチャート分析（続）──2

　次にQQQ（ナスダック100指数に連動した上場投信）のチャートを分析してみよう。図6.8はQQQの週足チャートで、株価は過去2年以上にわたり下降トレンドをたどっている。10月のL1で新安値を付けたあと、11月末～12月初めに前の主要な高値（H1）を上抜く新高値（HH）を付けたことで、長期の下降トレンドの終了を示唆している。次の押し目が安値を切り下げるかどうかがそのカギになるだろう。

図6.9　QQQ（日足、～2002/12/31）

12/31に興味深い試しでセットアップが整う。移動平均線を消し、3本の支持線・抵抗線とＡＢＣを記入した

　図6.9はこの最後の局面をズームダウンした日足チャートであるが、株価の値動きに焦点を当てたいので移動平均線を消し、その代わりに支持線と抵抗線を記入した。横線Ａは11月初めの高値水準で、短期の上昇トレンドが継続すれば12月初めの新高値から反落したときの支持線となる。横線Ｂは12月に形成された揉み合いの安値水準であり、10月末に揉み合ったマイナーな支持線、横線Ｃは12月の揉み合いが形成される以前の主要な安値を結んだメジャーな支持線である。

　この**図6.9**を見ると、12月12日に11月初めに形成された前の高値であるＡを試すスパイクハイ（突出高）が出現し、11～12月にかけてヘッド・アンド・ショルダーズ・トップが形成されそうだ（この高値はその「右肩」となる）。株価が12月の揉み合いよりも下で取引されれば相場はかなり弱く、株価が２つの谷を結ぶネックライン（Ｃ）を下にブレイクするのも必然と考えるかもしれない。この時期は年末・年始の薄商いのときで、出来高が少ないときのほうが出来高が多いときよりも下げがきつくなる可能性がある。このポイントでのプランは、

図6.10 QQQ（日足、～2003/1/6）

支持線・抵抗線を消し、3本の移動平均線を記入した。直近の上昇は200MAとぶつかっている

200日MA
20日MA
50日MA

DAILY CHART

To view charts in color go to: www.traderslibrary.com/TLEcorner

長期のトレーダーは揉み合いを下抜いたあとの戻りを売る、スイングトレーダーは前日の安値を下抜いたところを売るなどが考えられる。デイトレーダーには毎日トレードチャンスがあるが、長期トレーダーが仕掛けるのは株価が大きく転換するときである。したがって、日足チャートを分析してトレーディングプランを練ることが大切である。

　図6.10は図6.9にそれ以降の3日間の足を加えたチャートであるが、ここでは支持線と抵抗線を消し、再び移動平均線を記入した。それを見ると、2003年初日には力強い陽線で再び12月の揉み合いのレンジに突入し、出来高も通常の水準に戻っている。株価は次の2日間でこの揉み合いの上限近くまで上昇、それ以降にこの揉み合いの抵抗線をすんなりと上抜けば、売りのプランはやめるべきだろう。しかし、3～4日にわたって上昇すれば、200日移動平均線が株価の頭を押さえる可能性がある。この移動平均線は実際の抵抗線ではないが、多くのトレーダーの上値目標になっているからだ。さらに、揉み合いの上限は依然として抵抗線として意識されているため、株価がここから一

段高になるのはかなり難しそうだ。

　一方、次の押し目がかなり浅く、この４日間の高値水準を維持、または横ばいの動きとなれば、週足チャートではプリスティーンの買いセットアップ（PBS。**付録A**参照）となり、長期の買いポジションを取ってもよいだろう。また、日足チャートを見てスイングトレードやコアトレードの仕掛けのチャンスを狙ってもよい。11～12月にヘッド・アンド・ショルダーズ・トップが形成されたと見られるが、株価がさらに上昇していけば売り方はポジションの手仕舞いを余儀なくされる。その反対に株価がこの２週間の安値水準を割り込めば、新安値を試す展開となるだろう。

ボラティリティインデックス

　シカゴ・オプション取引所（CBOE）が公表しているマーケット・ボラティリティインデックス（VIX指数）は、投資家の不安心理を表す「恐怖心理指数」と呼ばれる。株価の先行きに対して投資家が悲観的な見方をしているときは、S&P100先物のプットオプション（売る権利）の買いが増えるのでこのVIX指数は高くなる。ほかの金融商品と同じように、オプションの価格も主に需要と供給を反映して動くが、オプションには原証券の価格や権利行使期限などのほか、ボラティリティという特有の要因もある。なかでもVIX指数を大きく左右するのはプットオプションの動向である。多くのトレーダーは株式の買いポジションをヘッジするためにプットオプションを買っている。S&P100先物のオプションは極めて流動性が高く、株式の買いポジションをヘッジする一般的な手段となっている。

　投資家が株価の先行きに悲観的になってプットの買いが増えるとVIX指数は上昇し、逆に株価は下落するという、VIX指数と株価は逆相関の関係になっている。もっとも、ほかの指標と同じように、この

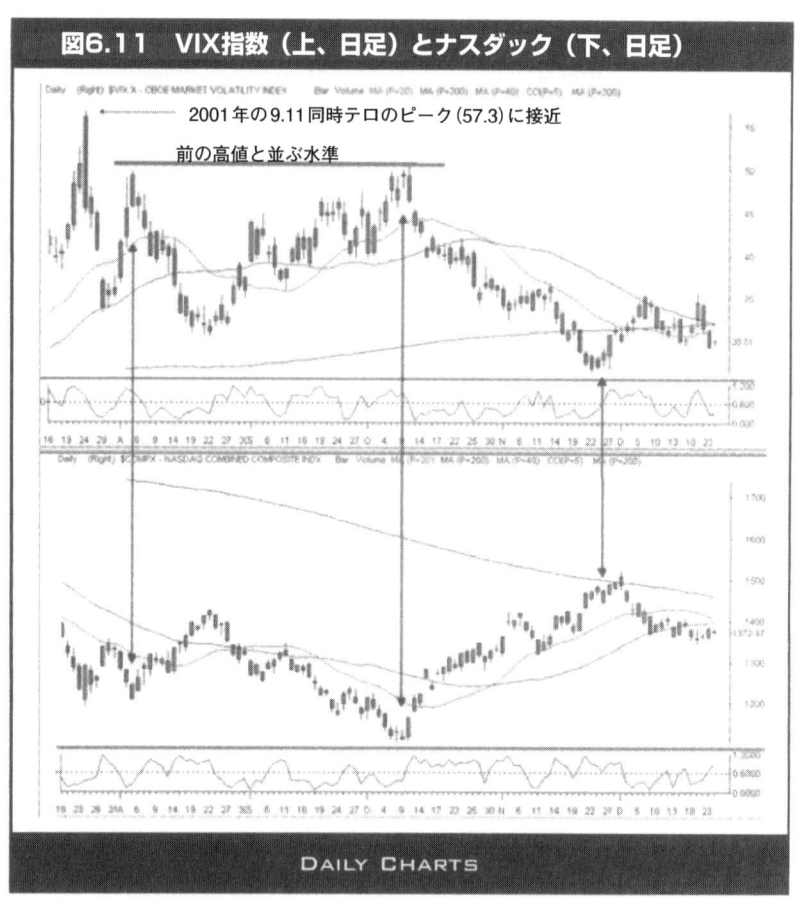

図6.11　VIX指数（上、日足）とナスダック（下、日足）

2001年の9.11同時テロのピーク（57.3）に接近

前の高値と並ぶ水準

To view charts in color go to: www.traderslibrary.com/TLEcorner

　VIX指数だけで株価の方向を予測することはできず、ほかの指標と併用して株価の大きな転換点をとらえるべきである。

　VIX指数がピーク（57.3）を付けたのは2001年9月11日の同時多発テロのときで、2002年7月下旬にはそれ以来の高水準となった（図6.11参照）。このときのナスダックは同年の安値水準まで落ち込んだ。2002年を見ると、VIX指数は素晴らしい道しるべとなっている。それ以降の10月初めにもVIX指数は前回の高値水準まで上昇したが、

このときのナスダックは安値を付けている。9.11同時テロのときの水準を試すVIX指数のこの急上昇は、投資家の不安心理がピークに達したことを反映している。11月下旬にはナスダックも下落する前の水準まで回復し、VIX指数は低下の一途をたどっている。株価の将来を正確に予測できるツールは存在しないが、この投資家の恐怖心理指数は株価の大きな転換点を予測するうえで有効な参考指標となるだろう。

様子見のとき

トレーディングとは確率のゲームであるとも言えるが、そのためにはいろいろな時間枠のチャートを見なければならない。そしてもっと幅広くマーケットの動向を見て、様子見に徹するのが賢明だと思われるようなときもある。例えば、SPY（S&P500に連動した上場投信）やS&P先物などをトレードしているとき、もっと大きなマーケットとはS&P500そのものを指す。日足や週足チャートの上昇トレンドの途上で押し目を形成したとき、一般にそこは絶好の買い場となるが、そうした上昇トレンドの終了が示唆されるような局面ではどのように対処すべきであろうか。

図6.12のチャートは20日移動平均線とトレンドラインが上向き、そして高値と安値を切り上げるきれいな上昇トレンドであり、6月半ばに新高値（HH2）を付けた。しかし、ここから急反落して6月9日の安値（HL1）の下で取引されるほど押した。ここ（LL1）はテクニカルに見て安値を更新しているが、この時点では強い基調はまだ崩れていないと思われる。押しは深かったが、この下落はその前の上昇分だった。LL1からの上昇で、新高値の更新に2回失敗し、その間に浅い押しを作って、よく知られているMパターンになった。このパターンは明らかに弱気を示すものである。Mの左側が新高値更新に失敗し、浅い押しを作って、次の上昇でブルの期待を背負って、新高値を試す。

図6.12 SPY（日足）

 Mの右側は最初の試しよりは高かったけれど、更新に失敗し、強気の期待をくじいた。Mの間の安値よりも下で取引されるようになると、売り時が到来したことを意味する。高値を切り下げるMの形は上昇トレンドを下にブレイクすることを示唆するものだ。

　株価がこの安値水準（LL1）を下抜けば、上昇トレンドの第二段階から保ち合いの第三段階への移行となるが、この時点で実際にそうなるかどうかは分からない。トレーダーとしては確率のゲームを淡々と実行するだけである。

　この局面を日足チャートで見ると、目立った調整もなく依然として上昇トレンドが続いているが、次第に出来高の少ない夏の無風時期が

近づいている。投資ガイドのストック・トレーダーズ・アルマナックによれば、8～10月は統計的に見ても株価の頭が最も重い時期である。日足チャートとこうした情報も参考にすると、この付近を上か下にブレイクするまではレンジ相場で大きく動きそうもないので、ここはトレードを控えて静観するか、少ない株数でトレードしたほうがいいかもしれない。夏期休暇を取って、来るべきチャンスの時期を待つのが賢明なのではないだろうか。

第7章 いろいろなトレード

Lessons on Classic Patterns

レラティブストレングス

　私は毎日、5つのトレーディングツールを使ってトレードしている。その一番目は「ウオッチリスト」で、これはスイングトレードをしたり、日中のトレンドを見るために前日の日足チャートから作成したものである。二番目は「ギャップリスト」で主にゲリラトレード用のもの、三番目は「注目銘柄リスト」で大商いの株式をリストアップしたもの、四番目は「プリスティーンESP（Pristine ESP）」などのデイトレード用のスクリーニングツールで、五番目はいろいろな指標が見られる高度なトレーディングソフトの「リアルティック（Realtick）」である。

　これらのトレーディングツールを利用するとき、最も重視している指標のひとつがその株式の「レラティブストレングス（Relative Strength）」である。これは市場平均やインデックスと比較したその株式の基調の相対的な強弱を知るためのものである。例えば、半導体セクター指数の下落率がナスダックやS&P500の下落率とほぼ同じであれば、半導体セクター指数のレラティブストレングスはほとんどゼロである。しかし、小売セクター指数を構成する銘柄のなかで日中に上昇トレンドを示すものがあって、そのために小売セクター指数は上昇しているが、ナスダックやS&P500が下落していれば、小売セクタ

ー指数のレラティブストレングスはかなり強いということになる。とりわけ、小売最大手のウォルマート・ストアーズが小売株の上昇を先導しているようなときは、S&P500だけでなく小売セクター指数に対してもウォルマートのレラティブストレングスは強いと言える。これと同じことが反対にも言え、そのときのレラティブストレングスは弱いと言える。

　私はそれらのトレーディングツールを使って、ウオッチリストのなかで高く引けた上位10％の銘柄と、安く引けた下位の10％の銘柄をリストアップする。日足チャートで見て上昇トレンドで、その日の午前の半ばでは押しているような銘柄とか、トレンドは上昇しているが、支持線に向けてその日の値幅の半値まで押しているような銘柄を思い浮かべる。このような高く引けた銘柄に注目するというのは、市場が押したり上昇を続けたときに、上げる可能性の高い銘柄をリストアップしておくということである。これらはレラティブストレングスの強い銘柄である。素晴らしいチャートパターンを持ったレラティブストレングスの強い銘柄を仕掛けるというのは、ひとつの戦略のみで仕掛けるよりもずっと高い優位性を持っているということである。もちろん、レラティブストレングスの弱い銘柄にはこれと反対のことが言える。

　次にリアルティックで最も強い基調の指数をチェックし、続いてウオッチリストの銘柄が日足や15分足チャートでどのくらい上昇しているのかを確認する。そして、強いセクターと弱いセクターを見つけ、リストアップされたなかからそのセクターのものを探す。ウオッチリストのなかの銘柄を５分足で見て、市場やセクターチャートに逆行しているものを探す。

　図7.1と**図7.2**は12月10～11日のナスダック100先物と半導体セクター指数の15分足チャートであるが、11日にはFRB（連邦準備制度理事会）の発表を好感して、終日、力強く上昇していたが、午後２時

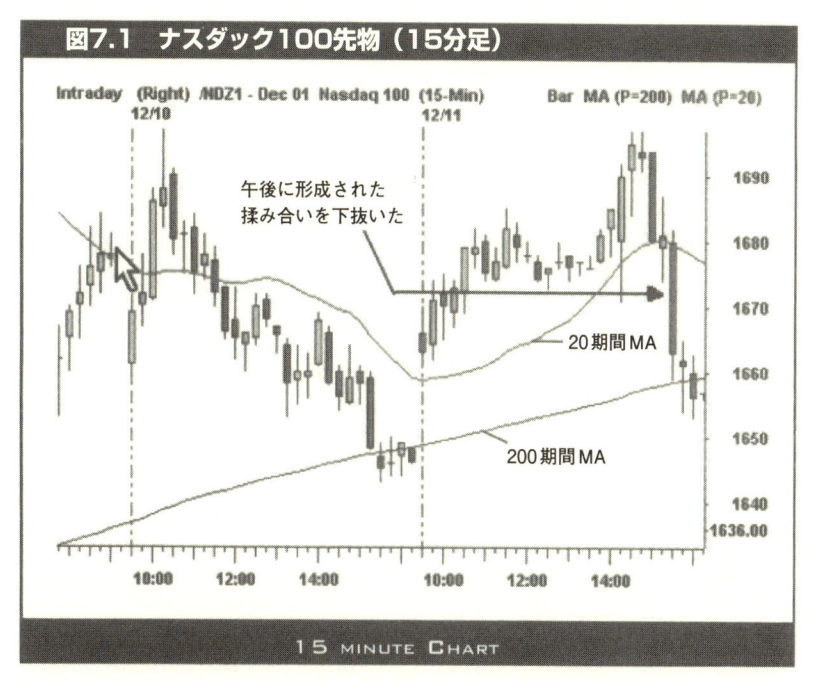

図7.1　ナスダック100先物（15分足）

午後に形成された揉み合いを下抜いた

20期間MA
200期間MA

過ぎに突然急反落し、200期間移動平均線を下に割った。

　半導体セクター指数は、急落後、しばらく揉み合っていたが、リアルティックでこの指数を構成する銘柄を5分足で見てみると、ほとんどがマーケットと同じように動いていた。しかし、**図7.3**のサンミナSCIはマーケットと逆行していた。マーケットの15分足チャートは200期間移動平均線付近で安定していたが、サンミナSCIは揉み合いを上にブレイクしていたのだ。

　ここで、読者のトレーディングを助けるレラティブストレングスの2つの使い方を紹介した。レラティブストレングスはデイトレードをするのに十分強い味方になり得るし、ほかのセットアップと組み合わせれば非常に強力な武器となる。

図7.2 半導体セクター指数（15分足）

午後に形成された揉み合いを下抜いた

20期間MA

200期間MA

To view charts in color go to: www.traderslibrary.com/TLEcorner

リバーサルタイムのレラティブストレングス

　ここでは特にリバーサルタイムのレラティブストレングスを見て仕掛けのタイミングを計ることについて検討するが、その前にこのレラティブストレングスについてここでもう一度確認しておこう。ここで言うレラティブストレングスとは「RSI（相対力指数）」のようなテクニカル指標を指しているのではなく、これまで述べてきたように、市場平均やその株式が属するセクター指数と比較した相対的な基調の強弱を見るものである（これはどのような時間枠のチャートでも同じ）。例えば、ある銘柄の5分足チャートのレラティブストレングスとは市場平均やインデックスの5分足チャートと比較した基調の強弱である。なお、インデックスとはナスダック100やS&P500のほか、

図7.3 サンミナSCI（15分足）

午後3時のリバーサルタイムにナスダック100先物と半導体セクター指数は急反落したが、サンミナ株は揉み合いを上放れた

20期間MA

200期間MA

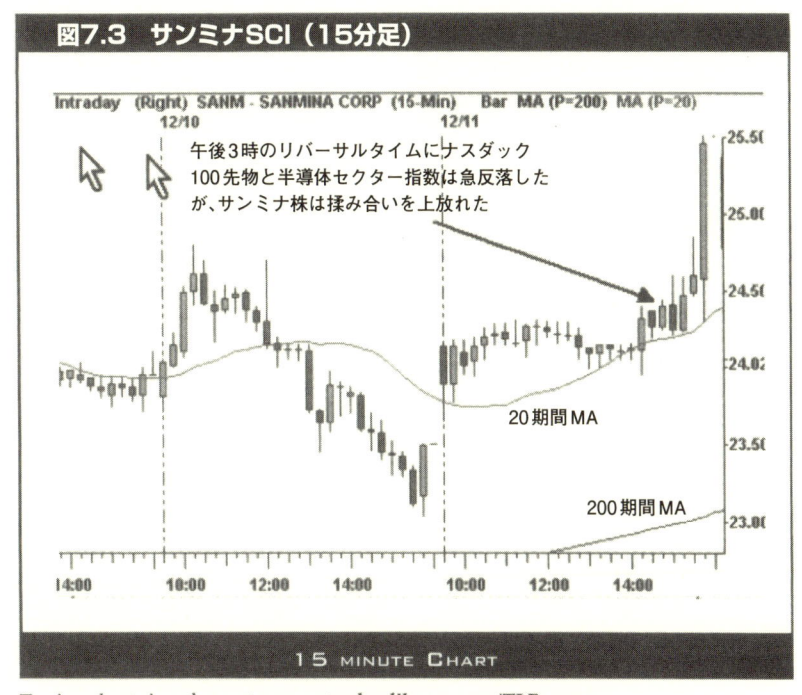

15 MINUTE CHART

To view charts in color go to: www.traderslibrary.com/TLEcorner

SPY（S&P500に連動した上場投信）やQQQQ（ナスダック100指数に連動した上場投信）でもよい。こうしたレラティブストレングスをうまく利用すれば、スキャルピングやデイトレードの仕掛けのチャンスをタイムリーにとらえることができるだろうし、日足チャートのレラティブストレングスを見ないのならば、スイングトレードをするのはやめたほうがいい。

　私が5分足チャートの基調が相対的に強いと言うとき、買おうとしているその株式が相対的に強いレラティブストレングスを持っていることを意味している。具体的には、①その株式が高値と安値を切り上げているのに、市場平均はそうした動きをしていない、②陰線がそれほど長くはない、③株価がその日の値幅の真ん中から上にあるのに、

図7.4　ジェネシス（5分足）

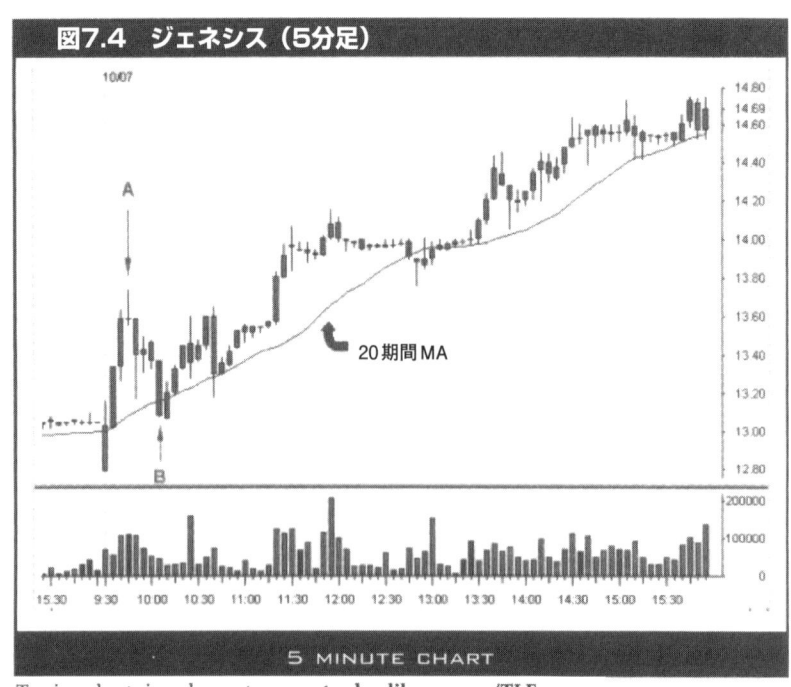

市場平均やセクター指数はそうではない、④株価が支持線でサポートされているのに市場平均は支持線で支えられなかった、⑤株価が上昇する20日移動平均線の上にあるのに、市場平均はその下に位置している。そして極端な場合、⑥その銘柄はその日の高値圏でジリジリと新高値を更新しているのに、市場平均は反落したり、新安値を付けている──などである。

　図7.4と図7.5は、イメージプロセッサ大手のジェネシスとSPYの5分足チャートであるが、この2つのチャートを比較すると、午前9時50分～10時20分にはジェネシス株のレラティブストレングスが強いのは明らかである。AとBはこの日の4本目と8本目の足であるが、寄り付き直後のジェネシス株のチャートには3本の長大陽線が出現しているのに対し、SPYはジリ安歩調となっている。ここでのプランと

第7章　いろいろなトレード

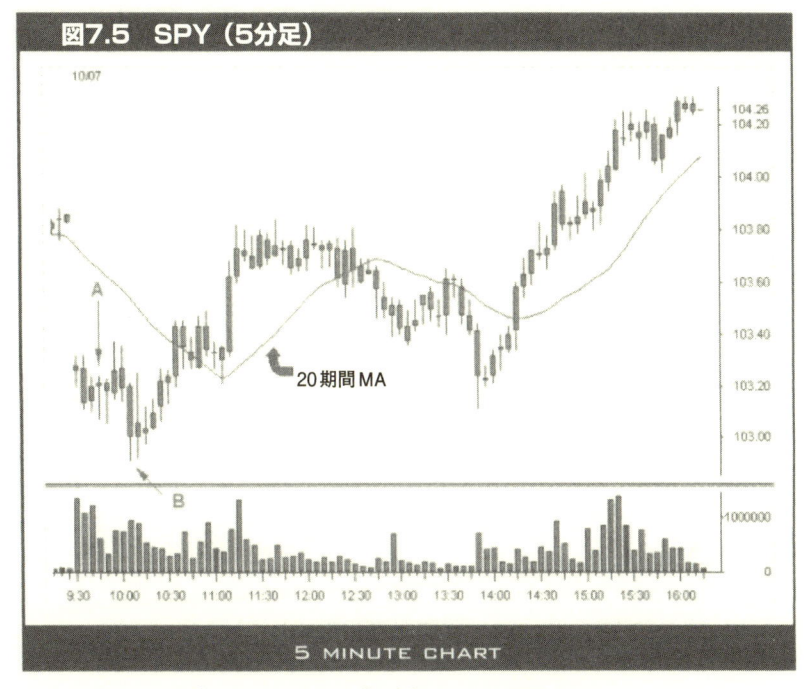

図7.5　SPY（5分足）

（チャート中の注記: 10/07、A、B、20期間MA、5 MINUTE CHART）

To view charts in color go to: www.traderslibrary.com/TLEcorner

は、強い銘柄が押すのを探すことである。そして最初のリバーサルタイム（午前9時50分〜10時10分）にSPYは新安値を付けたが、安値を切り上げているジェネシス株はマイナーな支持線でサポートされ、20期間移動平均線は上昇している。5分足で見て、プリスティーンの買いのセットアップになっている。5分足チャートでははっきりしないが、この時間からは市場は上昇トレンドになった。そして10時30分には最初の利益目標であるこの日の高値を試す展開となり、これと歩調を合わせてSPYもこの日の高値圏まで急上昇した。

　トレードするときは、できるだけ多くの支援材料を持つ株式を買いたいと思うだろう。ジェネシス株の仕掛け時にはプリスティーンの買いセットアップ、マイナー支持線、上昇する20期間移動平均線、ナローレンジバー（狭いレンジの足）、3本以上の陰線のあとに陽線引け、

181

出来高の増加——という多くの支援材料がそろっていた。このように、レラティブストレングスとはその株式の基調を測るかなり有効なツールのひとつである。

リバーサルタイムのダマシのブレイク

　前章ではリバーサルタイムのレラティブストレングスを利用した買いトレードについて言及したが、そうした１日の時間帯に株価の基調が弱気に転じることもある。このようにリバーサルタイムを利用したトレードには買いと売りの両方があり、こうした手法を取り上げるのはかなり重要なことである。もう一度繰り返すと、リバーサルタイムとは株式の基調が最も変化する可能性のある１日の特定の時間帯であり、短期の下降トレンドが上昇または単に横ばいへ、もしくは揉み合いから上下にブレイクされることもある。

　具体的には（東部標準時の午前９時30分に寄り付いたあとの）９時35分、９時50分〜10時10分、10時25分〜10時35分、11時〜11時15分、12時、午後１時30分、２時15分〜２時30分、３時、３時30分などである。５分足チャートなどでこれらの時間帯と１日の主要な高値・安値を比較するとかなり一致することに驚くだろう（特に午前10時、10時30分、ランチタイムなど）。

　図7.6は、ブロードバンド通信向け半導体大手のマーベル・テクノロジーの５分足チャートであるが、大きな上方ギャップを空けて寄り付いたあと急反落し、午前10時直前には前日の高値付近にあるマイナーな支持線まで下落した。寄り付きから最初の30分の安値は強力な支持線となったが、しばらくして、この支持線を下抜いてこの日の安値を付けた。ここで売るべきなのだろうか。実際、ここ（44.49ドル）は絶好の買い場で（最初の利益目標は44.99ドル）、その理由は次のようなものである。

第7章　いろいろなトレード

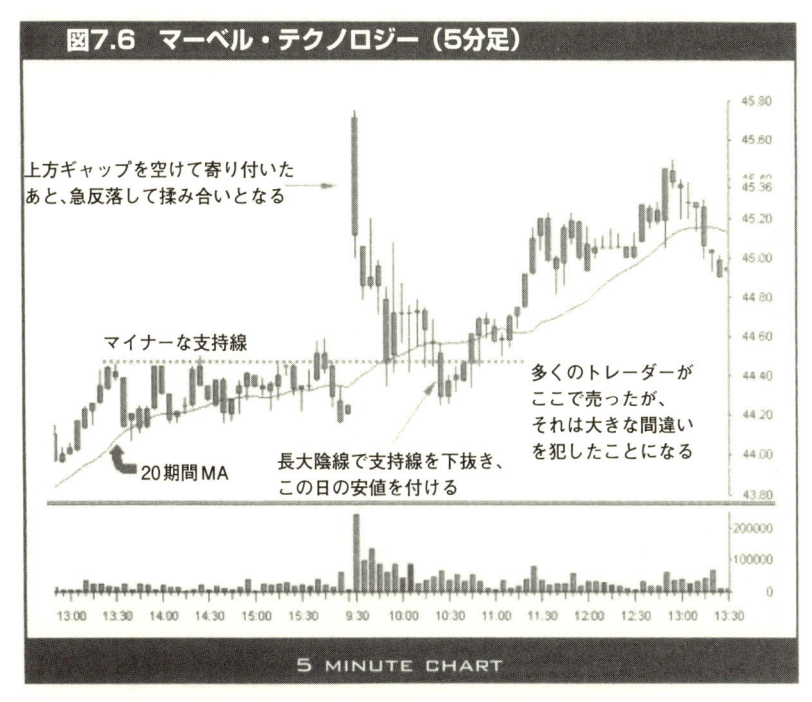

図7.6　マーベル・テクノロジー（5分足）

- 上方ギャップを空けて寄り付いたあと、急反落して揉み合いとなる
- マイナーな支持線
- 20期間MA
- 長大陰線で支持線を下抜き、この日の安値を付ける
- 多くのトレーダーがここで売ったが、それは大きな間違いを犯したことになる

5 MINUTE CHART

To view charts in color go to: www.traderslibrary.com/TLEcorner

1．株価はメジャーな支持線の安値を割り込まなかった。
2．多くのトレーダーは株価が寄り付き後30分間の安値を下抜いたのは弱気のシグナルと見ていたが、大きな上方ギャップを空けて寄り付いた株価がそれから1時間にわたって急落した。これだけ下げれば、売りのリストからこの銘柄ははずすべきである。
3．初心者が寄り付き後30分間の安値のブレイクで売るのはよくあることだが、ここでは空売りの買い戻しが増え、ここで売った者は持ち越しになったのかもしれない。
4．なかでもとりわけ重要なことは、この局面の15分足チャート（図7.7）を見ると、①20期間・40期間移動平均線がともに上向きである、②株価は支持線でサポートされている、③上方にギャップ

図7.7 マーベル・テクノロジー（15分足）

プリスティーンの買いセットアップ、支持線までの押し、その後力強い上昇トレンド

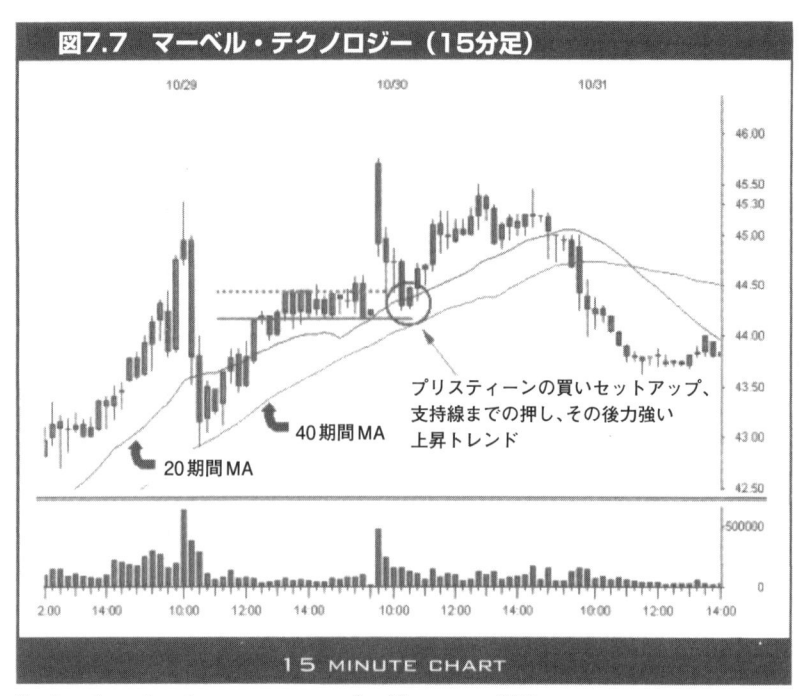

40期間MA
20期間MA

15 MINUTE CHART

To view charts in color go to: www.traderslibrary.com/TLEcorner

を空けたこの銘柄はギャップを埋め、15分足チャートで見ると、プリスティーンの買いセットアップが出ている——など上昇トレンドはまったく崩れていないことである。

このチャートを見るかぎり、おそらく売ろうとする人はだれもいないだろう。こうした局面を売ろうとするデイトレーダーはいるかもしれないが、それは彼らがよく犯す二番目の大きな間違いである。そうしたトレーダーの間違いを利用して、こうした有利な局面は必ず買っていくべきだ。リバーサルタイムに注目していれば、あなたのトレードの勝率はかなり向上すること請け合いである。

逆張りトレード

　私は先に「トレンドは友である」として、トレードの92％はメジャートレンドの方向で行うべきだと述べた。すなわち、押し目を買ったり、力強い上昇トレンド局面における揉み合いからのブレイクアウトを買っていくということだ。その反対に、戻りを売ったり、下降トレンド局面での揉み合いからの下方ブレイクを売っていく。しかし、ときにトレンドに逆行する逆張りトレードが有効なときもある。それは行き過ぎた株価の反動が来るクライマックスなどの局面で、長い時間枠のチャートでは買い場になっているが、短い時間枠のチャートでは逆張りトレード（売り）のように見えるときである。例えば、日足での押し目を買おうとしているとき、15分足チャートで見ると、下降トレンドで買っていくようなときである。これは実際には上昇トレンドにある日足チャートでの押し目を買ったほうがよい。

　こうした逆張りトレードにはもうひとつのやり方がある。それは相場が崩れそうなとき、「その日の高値の揉み合いからの下方へのブレイクを予想した売り」とも言うべきもので、これは私の好きなトレードであるが、そのチャンスはそれほど多くはない。図7.8は、大手GPUメーカーのNVIDIA（ナスダックに上場）とQQQ（ナスダック100指数に連動した上場投信）の15分足チャートで、一目で基調の相対的な強弱が分かるだろう。一般に弱気の日には市場平均に先立って全銘柄のなかで最も弱い銘柄が真っ先に急落し、そのあとに残りの株式が追随する。そして市場全体の基調が依然として弱いときは、それまで強い基調を維持してきた株式でさえも次第に弱くなって崩れていく。皆さんはこうした局面で揉み合いからのブレイクアウトを買い、結局はストップロスに引っかかって損切りしたという経験をお持ちであろう。

　NVIDIA株の2分足チャートを見ると、市場平均が下降していると

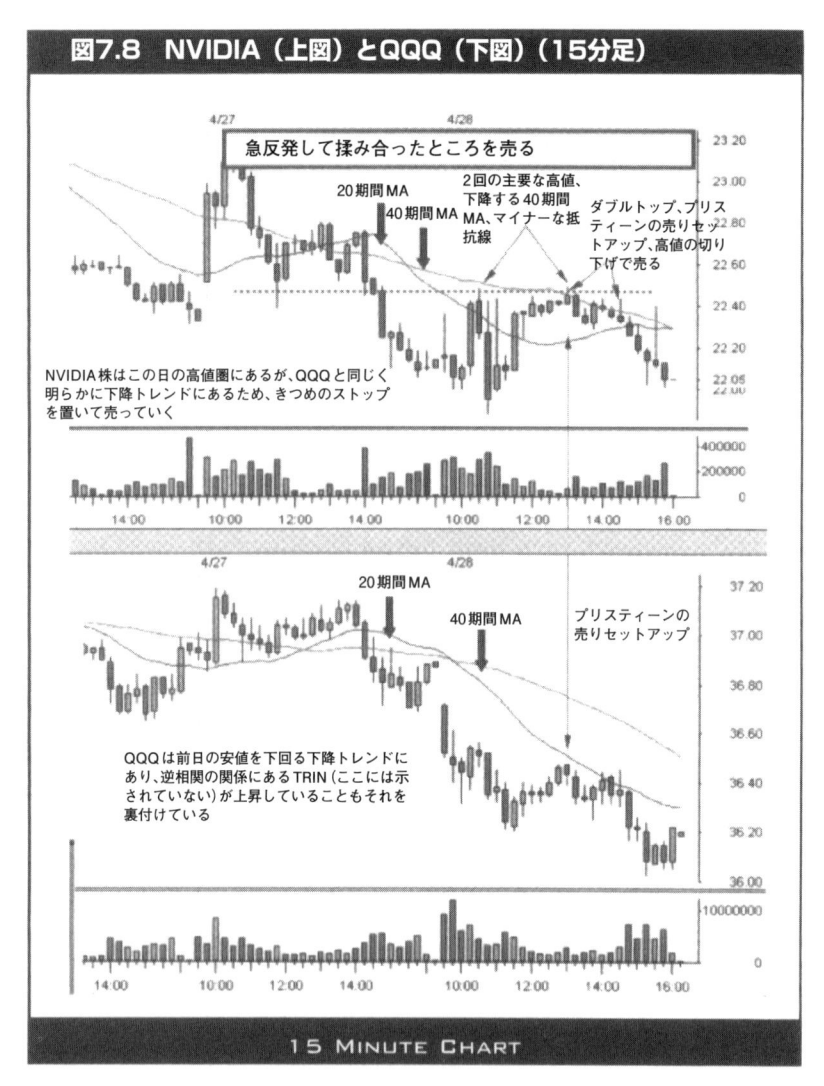

図7.8 NVIDIA（上図）とQQQ（下図）（15分足）

チャート内の注記：
- 急反発して揉み合ったところを売る
- 20期間MA
- 40期間MA
- 2回の主要な高値、下降する40期間MA、マイナーな抵抗線
- ダブルトップ、プリスティーンの売りセットアップ、高値の切り下げで売る
- NVIDIA株はこの日の高値圏にあるが、QQQと同じく明らかに下降トレンドにあるため、きつめのストップを置いて売っていく
- プリスティーンの売りセットアップ
- QQQは前日の安値を下回る下降トレンドにあり、逆相関の関係にあるTRIN（ここには示されていない）が上昇していることもそれを裏付けている

15 MINUTE CHART

To view charts in color go to: www.traderslibrary.com/TLEcorner

きにその日の高値圏で保ち合っているなど、日中では強い基調を維持しているように見えるが、15分足チャートでは依然として下降トレンドにあるのが分かる。QQQがランチタイムに上昇しても、NVIDIA

株は揉み合いから大きくブレイクアウトすることができない。QQQが下降する20期間移動平均線の途上でプリスティーンの売りセットアップ（PSS）となったとき、NVIDIA株はダブルトップを形成している。QQQが下降トレンド局面で一時的に反発したときでも、この株式はその基調に追随することができなかった。

　このように揉み合いからのブレイクアウトに失敗する最初の兆候をとらえたときは、直ちに売りを仕掛けるべきである。仕掛け場はダブルトップの二番天井を形成する陽線の下、ストップはそこから5～10セント上のところに置く。このような逆張りトレードをするときは、その低い勝率を正当化するような特別な理由やエッジ（優位性）が必要である。具体的には、①NVIDIA株の比較的長い時間枠の足のチャートは弱気である、②特別な理由がないかぎり、株価指数が終日弱気のときにはそのトレンドには逆らわない、③一般にきつめのストップはすぐに引っかかるが、こうした局面ではそれも有効である──などである。

クライマックスリバーサルでのトレード

　トレンドに逆行するトレードの代表的なものは、「クライマックスバイ」と「クライマックスセル」であるが、これらは非常に誤解されている。価格と移動平均線との乖離率がかなり大きくなった銘柄は修正を必要としている。**図7.9**は、医薬品メーカーのセファロンのクライマックスバイの局面を示した15分足チャートであるが、その特徴は次のようなものである。

1．長大陰線から5本連続で安値を切り上げた。
2．下落する20期間移動平均線との距離がかなり離れている。
3．トレンドの転換を示唆するリバーサルバーが出現した。

図7.9 セファロン（15分足）

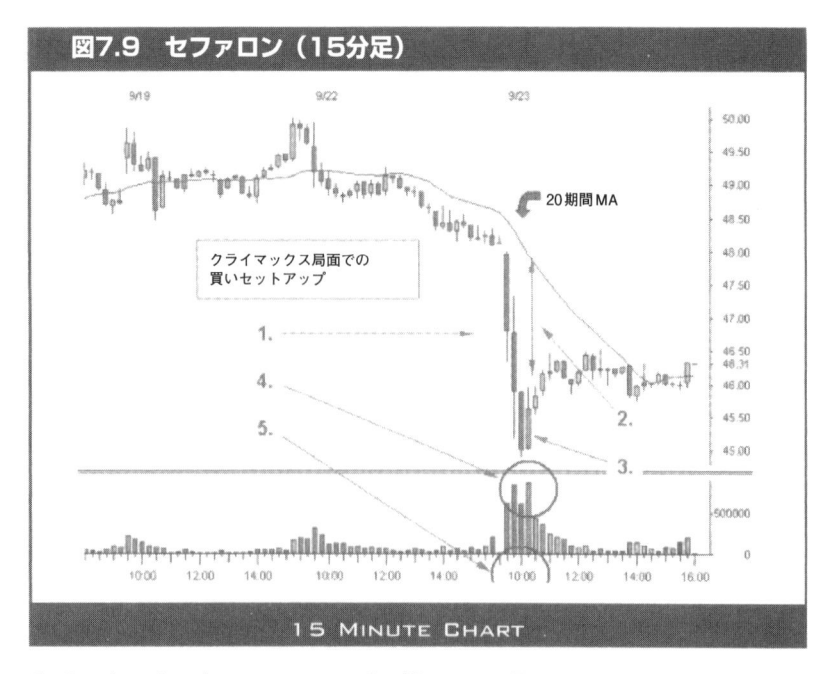

To view charts in color go to: **www.traderslibrary.com/TLEcorner**

4．ボトム圏で大商いになった。
5．午前10時のリバーサルタイムに新安値を付けた。

　これらの買いセットアップを確認したうえで、仕掛けは3の足の高値をブレイクしたところ（45.94ドル）で、その日の安値（45.00ドル）にストップを置く。利益目標は下落分の半値戻しのところ（46.50ドル）となる。

　目標値にはヒットしたものの、問題はリスク・リワード・レシオがどうなっているかだ。ときにリバーサルバーが長大でストップ幅ばかりが大きく、目標値までがわずかということがある。そのため、**図7.10**のズームダウンした2分足チャートを見て、15分足チャートの仕掛け値と比べてみよう。

第7章 いろいろなトレード

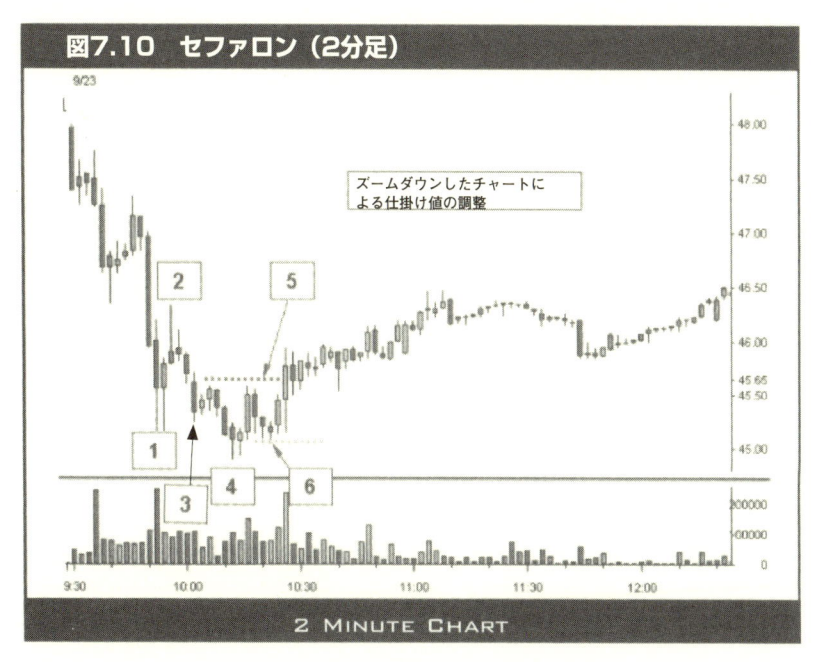

図7.10 セファロン（2分足）

ズームダウンしたチャートによる仕掛け値の調整

2分足チャートでトレンド転換の最初の瞬間を探す。これは5分足チャートでもよい。このテクニックは攻撃的だが、リスク・リワード・レシオは改善する。このチャートによる仕掛け値は45.55ドル、ストップポイントは45.05ドルか44.90ドルとなる。その主要なポイントを説明すると、1は下降トレンドでの安値の更新、2は高値の切り下げ、3は前の安値よりも高い最初の安値（安値の切り上げ）であるが、前の安値を2回上回るとともに前の高値を2回上回る（2回安値と高値を切り上げる）までは下降トレンドは変わらないと見られるので、ここは仕掛け場とはならない。4は安値の更新（ここも仕掛け場ではない）、5は高値の更新で（横線の前の高値をブレイクしなくても、それを試すだけでもよい）、6は安値の切り上げで、明らかに高値と安値を切り上げている。攻撃的なトレーダーであれば、プリスティー

図7.11 マイクロビジョン（15分足）

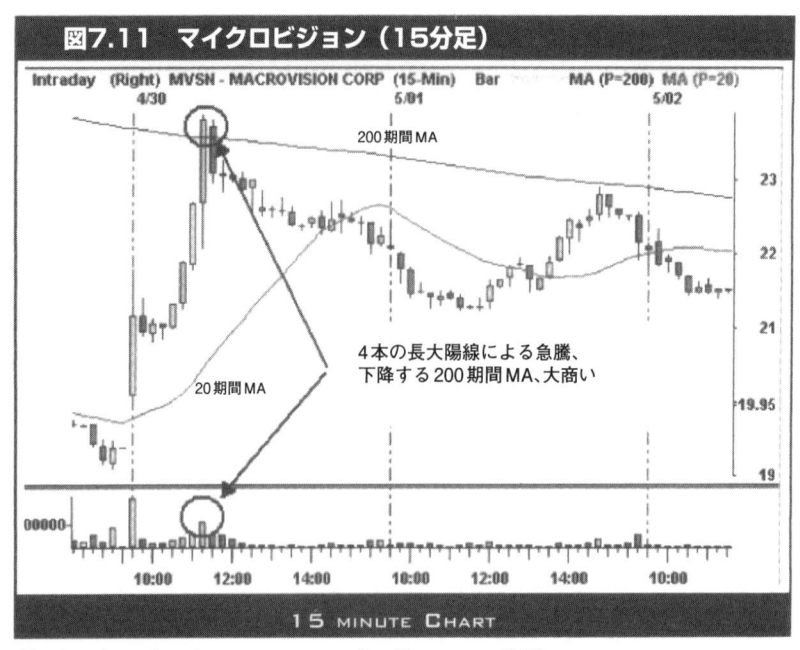

200期間MA
20期間MA
4本の長大陽線による急騰、下降する200期間MA、大商い

To view charts in color go to: www.traderslibrary.com/TLEcorner

ンの買いセットアップが出た６で仕掛けてもよいが、５の２回目の高値の更新を確認し、その水準を上抜いたところを買ってもよい。こうした超短期トレードは、15分足でトレンドの転換が予想されるのを確認したうえで実行すべきである。

ランチタイムでの逆張りトレード

　ここではランチタイムでの逆張りのデイトレードを紹介する。これは大きな動きに反したトレードをするということだ。強い上昇トレンド中であれば売り、強い下降トレンド中であれば買うのである。短期のトレンドに反したトレードをすると理解しておいてほしい。
　普通は短期のトレンドに反したトレードはしない。これを実行する

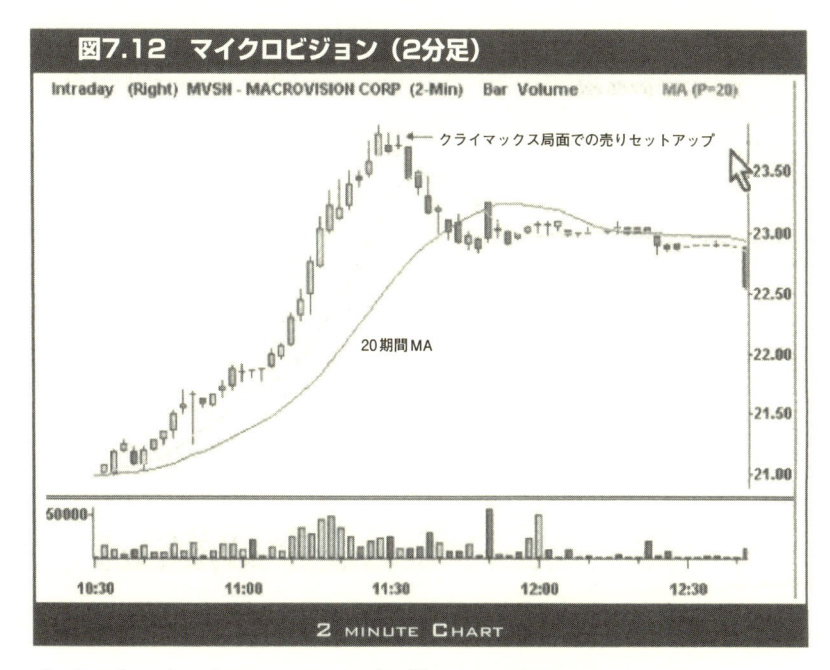

図7.12 マイクロビジョン（2分足）

クライマックス局面での売りセットアップ

20期間MA

2 MINUTE CHART

To view charts in color go to: www.traderslibrary.com/TLEcorner

ときは、①スキャルピング（小さな利ザヤを稼ぐトレード）に徹する、②株価が移動平均線と大きく離れたときだけにする、③リバーサルタイムに仕掛ける――という３つの条件を順守すべきである。

図7.11～図7.12は、次世代コンピューターソフト大手のマイクロビジョンの15分足と２分足チャートであるが、図7.11を見るとギャップを含む上げ幅は3.50～4.00ドルと、20ドル前後の株式にとって約20％もの値動きとなっている。これはかなり大きいものだ。もしこれを日足チャートで見ると、かなりの長大陽線になるだろう。株価は寄り付きから上昇し、その後、１時間（４月30日の２～５本目の足）は揉み合っている。朝一での上昇後の揉み合いでは、寄り付き後30分間の高値を買う用意をしていてもよいかもしれない。その後の１時間にわたる急上昇は、４本の陽線によってもたらされた。そして、①最

後の陽線で大商いとなった（買いが出尽くした）、②強力な上値抵抗線である200期間移動平均線が株価の頭を押さえている、③それらは12時からのランチタイムに起きている――ことから目先トレンドの転換が示唆される。

次にこの局面を**図7.12**の２分足チャートで仕掛けを詳細に検討してみる。15分足チャートではスキャルピングには向かないからだ。ここではいくつかの２分足が高値を切り上げているが、上ヒゲを持つ数本の陰線が出現し、次の足は安値を切り上げているが上ヒゲがある（矢印のところ）。ここが「クライマックス局面の売りセットアップ」となり、仕掛けはこの陰線の安値をブレイクしたところ、ストップはこの足の高値か、この日の最高値に置く。15分足の上昇する20期間移動平均線が支持線になると思われるので、そこが利益目標となる。また、15分足で見て、前の足よりも上で売買されるようならば、半分かすべてのポジションを手仕舞うときである。

モーゲージプレー

「トレーディング・ザ・プリスティーン・メソッド（Trading the Pristine Method）」セミナーの２日目に、生徒たちはゲリラトレードと呼ばれる手法を教えられるが、ここで紹介する「モーゲージプレー（Mortgage Play）」はそのひとつである。これには買いと売りがあるが、そのいずれも「20/20バー（上下のヒゲが値幅の20％以下の長大線）」の次に大きなギャップが出現したときに仕掛けるものである。もしチャートを振り返って見るならば、大商いでのゲリラトレードをしたところは長期的に見て日足チャートの性質が変わってしまったところでもあることがよくある。そこは長期的に見て、安値だったり高値だったりすることがあるし、そこから強い動きが生み出されることもしばしばである。物事のほとんどはトレードオフの関係で、いいこ

第7章　いろいろなトレード

図7.13　コパート（日足）

- 素早い仕掛けがカギとなる
- 20日MA
- 揉み合いを大きく上放れた陽線のモーゲージギャップ（あまり大きなギャップを空けてはならない）
- 寄り付き後1分で高値を上抜いたときの素早い仕掛け
- 20日MAが急勾配で上昇しているとき、高値を切り下げて弱気と言えるような長大陰線が出現（20/20バー）
- 1日後に判明する大商い

DAILY CHART

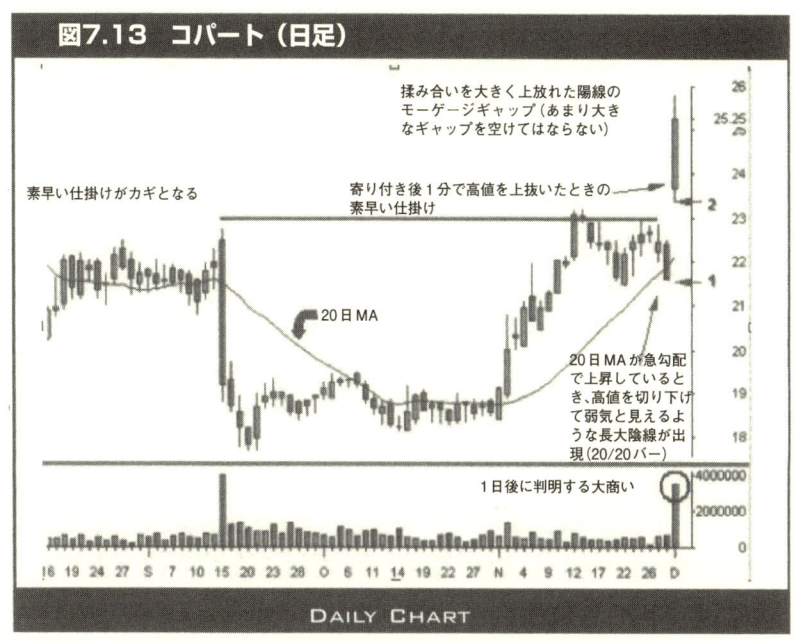

To view charts in color go to: www.traderslibrary.com/TLEcorner

とがあれば、悪いこともあるが、モーゲージプレーは劇的な値動きをもたらし、その値動きは非常に力強い。これは長期トレードで、そのために大きな利益も見込める。

図7.13は車販売会社であるコパートの日足チャートであるが、2004年12月1日に直ちに買い、ストップは前日の安値に置く（矢印1）。こうした局面では、数週間～数カ月にわたってポジションをホールドするコアトレードだけで仕掛けるべきなのだろうか。その他のリスク・リワード・レシオのパラメータもあるが、それにはプラスとマイナスがある。そのひとつのやり方は、株価がある方向に進行すると仮定して仕掛けるものである。

例えば、株価が寄り付きから予想どおりの方向に急速に進むことはよくあることだが、問題は寄り付き前の取引から寄り付きにかけて株

図7.14 コパート（日足）

図中の注記：
- 三番目の利益目標をクリアし、さらに上昇する可能性が高い
- １日目と２日目に最初と二番目の利益目標を達成
- プリスティーンの買いセットアップのあとに株価が上昇したときは、ストップを引き上げる
- 20日MA

DAILY CHART

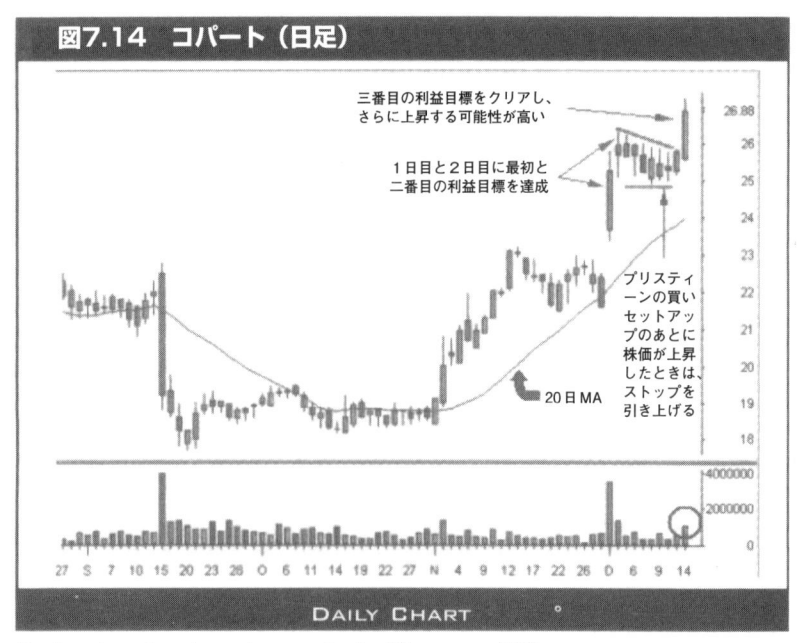

To view charts in color go to: www.traderslibrary.com/TLEcorner

価の動きが速く、仕掛けが間に合わないことである。攻撃的なデイトレーダーであれば、買いを仕掛けたときにその日の安値にストップを置くだろう。これは極めて攻撃的なトレードであり、ストップに引っかかる確率は平均以上に高いが、うまくいったときは大きな利益を手にできる。仕掛け場は寄り付き後１分間の高値、ストップはその安値（仕掛けた時点のこの日の安値）に置く（矢印２）。最初の利益目標は１日で簡単に達成できた。

　図7.14は図7.13のチャートにそれ以降の２週間後までの足を加えたもので、二番目の利益目標は翌日の上昇で達成し、三番目の利益目標は２日目の高値だが、最後の陽線で達成した。株価はさらに上昇しても驚かないので、コアトレードのポジションは保有しておくべきである。このトレード手法はモーゲージギャップの勢いを利用したも

第7章 いろいろなトレード

図7.15 コパート（5分足）

凡例：
- 長大陽線
- リバーサルタイムで最初のプリスティーンの買いセットアップ
- 40期間MA
- 20期間MA

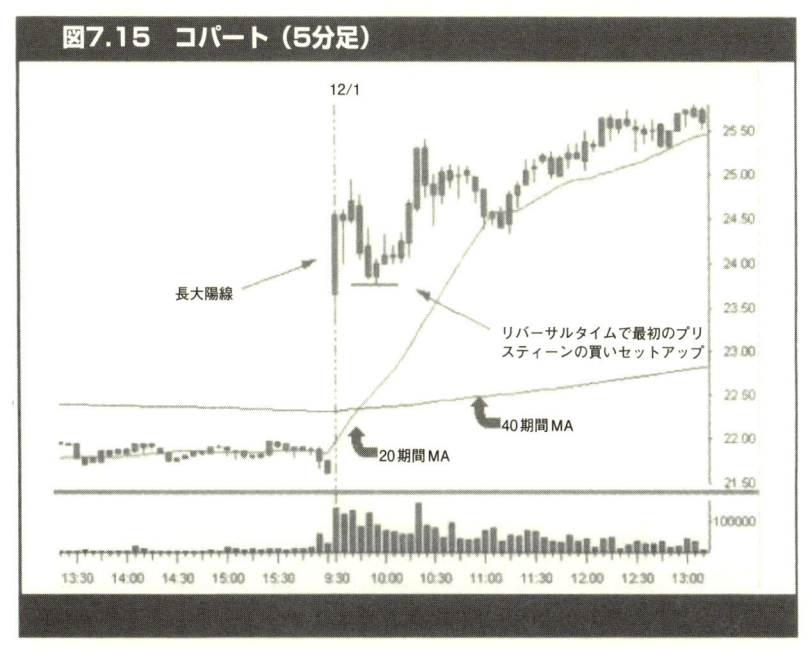

To view charts in color go to: www.traderslibrary.com/TLEcorner

のであるが、5分足や15分足チャートで見て押し目で仕掛ける方法もある。長所はきつめのストップを置けるということだが、安全な時間帯に仕掛ければストップに引っかかる可能性もより少なくなるだろう。短所は「押し目待ちに押し目なし」に終わることもある点だ。

　図7.15の5分足チャートを見ると、12月1日の午前10時のリバーサルタイムには押し目を形成し、5分足チャートで見て最初のプリスティーンの買いセットアップとなっている。ここできつめのストップを置いて仕掛けてもよい。攻撃的なトレーダーであれば、最初の素早い仕掛け場で出動したもののストップポイントに引っかかったときは、最初のプリスティーンの買いセットアップのところで再度、仕掛けてもよい。いろいろな時間枠のチャートを駆使できるベテラントレーダーにとって、こうしたゲリラトレードはかなり有効な手法である。

195

もうひとつのゲリラトレード

スイングトレードの難しさについては前に言及したが、特に買い方と売り方が激しい攻防を展開している（日足チャートに反映された）ちゃぶついた局面においては十分に注意する必要がある。次に日足が大きく動くまでにトレーダーは何をすべきかという問題がある。もしも終日マーケットを見ていられるならば、スイングトレードをしたり、日中のトレードに神経を集中するという選択肢がある。具体的にはデイトレードやスキャルピング、ゲリラトレード、時間足を使ったスイングトレードなどである。

たとえ日中のチャートを常に見ていなくても、これらの一部のトレードは可能であろう。時間足のスイングトレードは通常のスイングトレードと同じようにマネジメントできるし、寄り付きから1時間だけのゲリラトレードも数多くある。その日の1時間だけマーケットを見ていられるならば、ゲリラトレードをマネジメントするのはそれほど難しいことではない。例えば、最初の1時間のうちにポジションの半分を手仕舞い、有利な方向にストップを移動して、残りのポジションをそのまま保有することも可能である。そうしたときはその日の後半にそのポジションの状況をチェックすればよい。

もうひとつのゲリラトレードとは「強気のモーゲージプラン（Bullish Mortgage Plan）」と呼ばれるもので、トレンドの方向とは無関係に出現するモーニングギャップを利用するトレードである。**図7.16**は、インターネット戦略コンサルティング会社であるサピエントの日足チャートであるが（最後の足は午前10時までのもの）、前日には下降トレンド途上での長大陰線が出現したことから一段安になると予想された。しかし、翌日に上方ギャップを空けて寄り付いたことから、強気のモーゲージプランとして知られるゲリラトレードの形になった。これは緩めのストップを置いてのトレードになるが、これはまた直近2

第7章　いろいろなトレード

図7.16　サピエント（日足）

2005
前日の陰線を飛び越えた上方モーゲージギャップ
20日MA
下降する20日MAに近づいた高値の切り下げ
長大陰線で揉み合いを下抜く

DAILY CHART

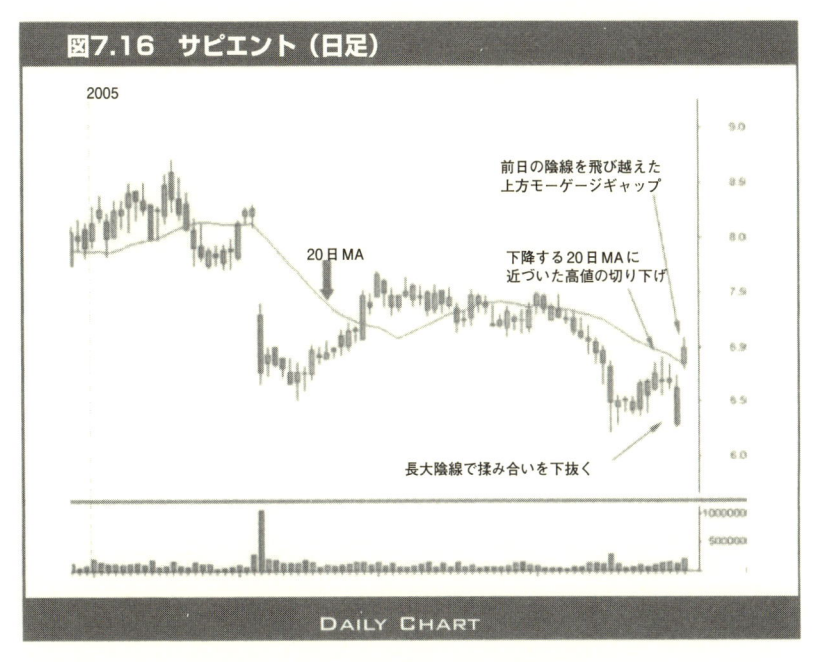

To view charts in color go to: www.traderslibrary.com/TLEcorner

週間のトレンドが転換するシグナルともなった。

　この大きな上へのギャップは大変な衝撃をもたらした。2週間前から前日にかけて売ったトレーダー全員が含み損を抱えていることになったからだ。株価の急上昇と買い戻しによって、損失は急激に膨らんでいった。この時点では日足での下降トレンドは無視して、トレーダーは自分自身のメリットのためだけのトレードに専念したほうがよい。この株を売って痛みを被っているトレーダーにとって、マーケットのことなど気にしていられるときではないのだ。

　次にこの日足チャートの最後の日を2分足で表したQQQとサピエント（ナスダックに上場）のチャート（**図7.17**）を見ると、サピエント株は午前10時のリバーサルタイムには非常に狭い値幅の揉み合いを形成し、9時45分ごろには少し押したが、高値での揉み合いには違いなく、ギャップも埋めることはなかった。レラティブストレングス

197

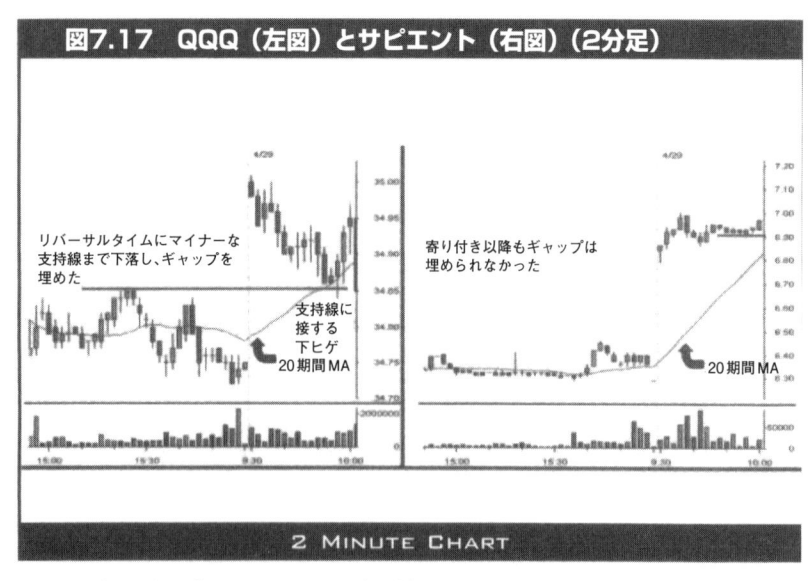

図7.17 QQQ（左図）とサピエント（右図）（2分足）

左図注釈：
- リバーサルタイムにマイナーな支持線まで下落し、ギャップを埋めた
- 支持線に接する下ヒゲ
- 20期間 MA

右図注釈：
- 寄り付き以降もギャップは埋められなかった
- 20期間 MA

2 MINUTE CHART

To view charts in color go to: www.traderslibrary.com/TLEcorner

を見てみよう。QQQは上昇トレンドのなかでマイナーな支持線まで下落し、ギャップを埋める押し目を作った。これは別の言葉で言えば、マーケットは強く、押し目を付けているが、サピエント株は高値で揉み合っているということだ。これは、この揉み合いは有望な仕掛け場となるということである（ストップポイントはこの揉み合いの安値か、この日の安値に置く）。

このようなユニークな戦略を探せば、おいしいトレードが見つけられることだろう。

ニックネームを持つトレード手法

これまでいろいろな質の高いトレード手法について述べてきた。ここでは、基本的な戦略に質の高い条件をさらに付け加えることによっ

図7.18　ハリウッド・エンターテインメント（15分足）

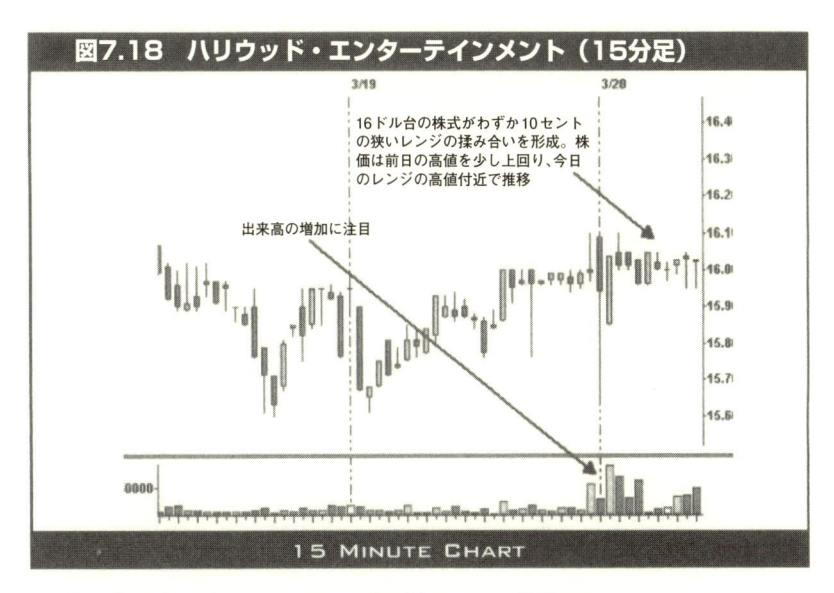

16ドル台の株式がわずか10セントの狭いレンジの揉み合いを形成。株価は前日の高値を少し上回り、今日のレンジの高値付近で推移

出来高の増加に注目

15 MINUTE CHART

To view charts in color go to: www.traderslibrary.com/TLEcorner

て、さらに信頼感は増し、ニックネームを付けられる栄誉を得ている。

　まず、基本戦略から始め、日中チャートの５分足と15分足を見てみよう。これは、60分足でもできないことはないが、日足チャートではうまくいかない。この戦略では、株価が揉み合っているところ、つまり一時休んでいるようなところを探す。その揉み合いは５～６本の足で形成されており、高値と安値の値幅が狭く、買いを狙っているのならば、高値で揉み合っているほうがよい。もちろん、安値を切り上げていて、高値が水平になっているのがよい。もし買いならば、株価は今日の始値と前日の終値よりも高く推移しているほうがよい。売りはこの反対である。図7.18はハリウッド・エンターテインメントの15分足チャートで、株価はわずか10セントの狭いレンジで揉み合っている。

　株価は揉み合ったあと、上にブレイクアウトすれば、素晴らしい収

199

図7.19 ハリウッド・エンターテインメント（15分足）

上値抵抗線となる200期間MA

15 MINUTE CHART

To view charts in color go to: **www.traderslibrary.com/TLEcorner**

益のチャンスがあるし、そうならないときに備えて揉み合いの下にきつめのストップを置いておく。ここで、この戦略の信頼感が増す質の高い条件とは、株価は、①前日の終値よりも高く推移している、②今日の始値よりも高く推移している、③今日の値幅の高値付近で推移している——ということである。

　すべての戦略がそうであるように、100％の勝率を誇る戦略なんてあり得ない。そのためには絶対に、ストップを置いておかなければならない。さらに優位性を高めるため、このチャートに200期間移動平均線を書き加えてみよう。これは2章でも書いたが、この200期間移動平均線は非常に強力な移動平均線である。株価はこの移動平均線によく反応する。多くの上昇はこの200期間移動平均線で頭を押さえられ、多くの下落は200期間移動平均線で止まる。200期間移動平均線の

図7.20　ハリウッド・エンターテインメント（15分足）

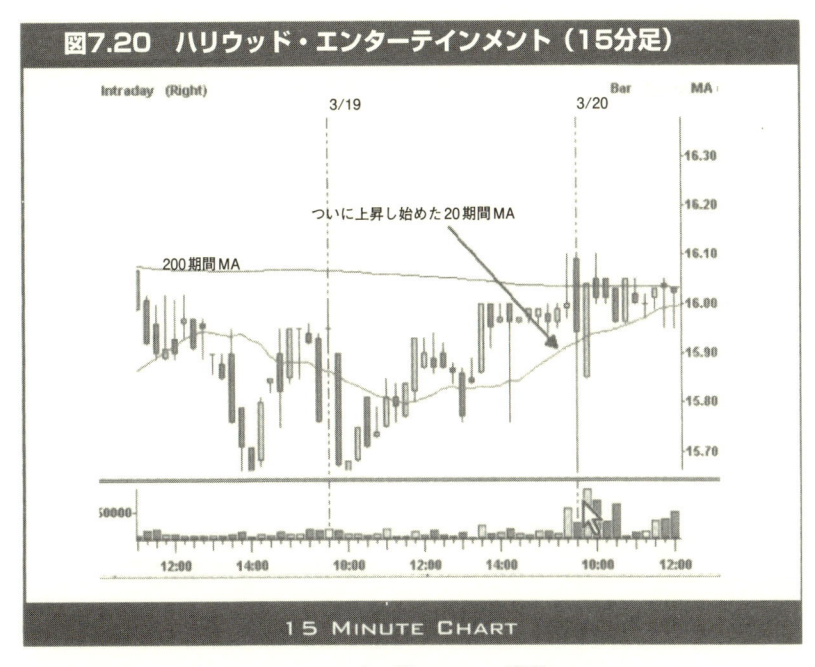

To view charts in color go to: www.traderslibrary.com/TLEcorner

すぐ下で揉み合っていて、これを上にブレイクしたときに仕掛けると優位性はさらに増すことになるだろう。

　図7.19は図7.18のチャートに200期間移動平均線を書き加えたものである。200期間移動平均線は株価の上値を押さえる抵抗線になると教えられた。問題は株価がこの抵抗線にどう反応するかだ。この抵抗線を超えていくのか、超えられないのかである。超えたとすると、どのように超えたかを見なければならない。もし株価が200期間移動平均線に到達して、押し、すぐにまた200期間移動平均線まで上昇すれば、かなり強い基調であることが確認される。もし押し目を付けながら高値が更新されるとすれば、それ以降の200期間移動平均線は安値を支持するものになり、株価が200期間移動平均線を超えたとみんなから認識されれば、上昇の基点となるだろう。われわれはこうした

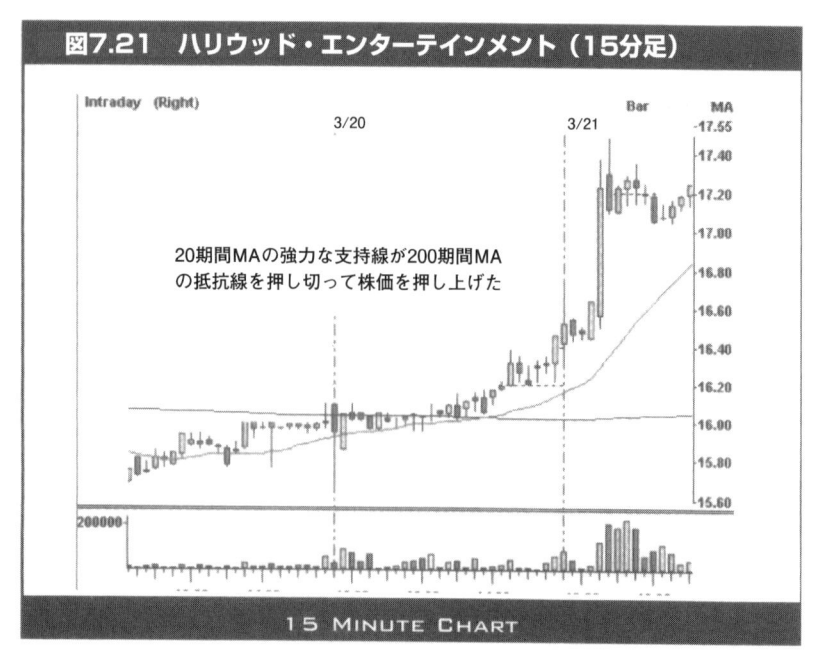

図7.21　ハリウッド・エンターテインメント（15分足）

[図中のコメント: 20期間MAの強力な支持線が200期間MAの抵抗線を押し切って株価を押し上げた]

パターンを「象の歩み（Elephant Walk）」と呼んでいる。

　ほかの条件を加えて、別の名前を付けてもよい。一体、いつ株価は揉み合いや200期間移動平均線を上抜くのだろうか。よく言われているのは、揉み合いには時間がかかるとか、調整は株価も休みが必要であるということである。**図7.20**は**図7.19**のチャートに20期間移動平均線を書き入れたものだ。

　株価が200期間移動平均線にヒットしたり、上抜いて初めてこのトレードは始まる。普通、移動平均線が強いほど、それに基づいてトレードする戦略では勝てるはずだ。20期間移動平均線に支持され、抵抗線の200期間移動平均線がずっと下ならば、株価は上がるしかない。200期間移動平均線に代わって、価格と20期間移動平均線が交差すれば、上にいく兆候だろう。この2つの条件を加えたものを、われわれ

は「ピンチプレー(Pinch Play)」(**図7.21**参照)と名づけている。

こうした局面はすべての時間枠のチャートで見られるが、特に5分足と15分足チャートによく現れる。これは、200期間移動平均線と20期間移動平均線しか使わなくていいのである。もし戦略のためにこのような揉み合いだけで出動するのならば、あなたのトレードの優位性はものすごく高まるだろう。

もうひとつのギャップトレード

ここではほかの章で説明してきたトレードについてもう一度検討してみよう。ここで特に焦点を当てるのは、すべての要因が織り込まれて株価がある方向に収斂されるとき、すなわち買い方と売り方のバランスが大きく崩れたときに株価がどちらの方向に向かうのかということである。

図7.22～**図7.23**は、2005年7月20日のERPソフトのエピコ・ソフトウエアの2分足と日足チャートである。この株式に注目したのはギャップリストにリストアップされていたからだ。私の朝の仕事は、株価が大きく上方や下方にギャップを空ける銘柄があるかどうか、見張っていることである。これらのギャップは私が教えている多くの戦略の源泉となっているものである。株価は多くの要因が重なって、トレードが始まると強気や弱気のバイアスに左右される。では、エピコ・ソフトウエアを見ていこう。

前日の大引け直前には弱気の陰線が現れ(矢印1)、直近6日間の安値を下回った(**図7.23**参照)。これは大引けで売ることをトレーダーが教えられているパターンである。しかし、翌日は一転して、前日の陰線とは反対方向に大きく飛び越えたばかりでなく、日足で見ても前の高値(**図7.23**の2本の横線)を上回る大きな上方ギャップを空けて寄り付いた。

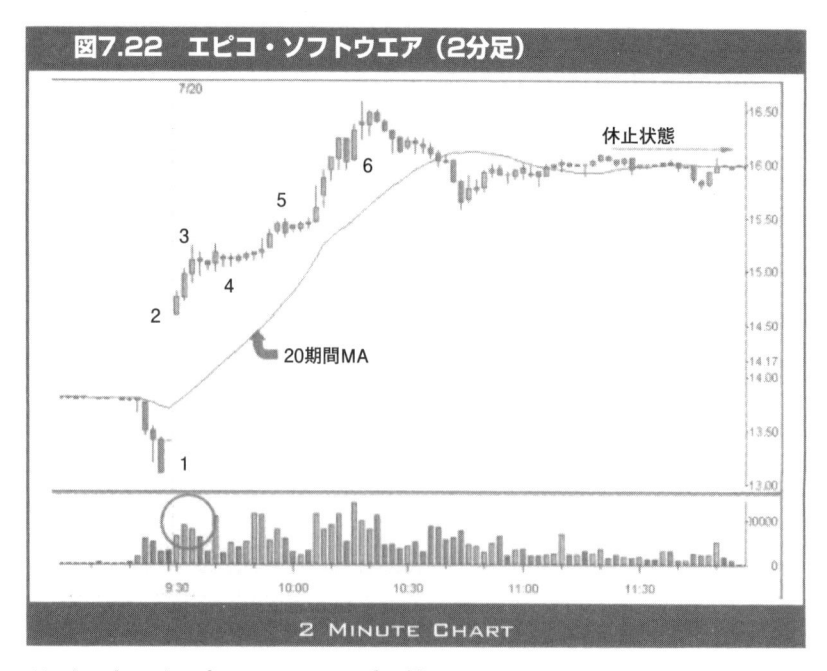

図7.22 エピコ・ソフトウエア（2分足）

休止状態

20期間MA

2 MINUTE CHART

To view charts in color go to: www.traderslibrary.com/TLEcorner

　日足チャートの前の高値という抵抗線を一挙に飛び越えたこのギャップは、プロフェッショナルギャップと確認されたが、チャートの外まで飛び出すようなギャップではなかった。14ドル台の株式の1.20ドルのギャップは大きすぎるようにも見えるが、プロフェッショナルギャップであるとすればそうとも言えない。その理由は、ギャップを空けた空白地帯はだれもトレードしていないということだ。寄り付き前の取引でもギャップを空けた辺りで取引されていた。だれも安くは買えなかったし、買いたければ、高く支払うしかなかった。
　これは良いことなのだろうか。もし下方ギャップを空けて寄り付いたとすれば、それはひとつの良い状況であると解釈することもできる。そうした局面に尻込みするトレーダーもいるが、下方ギャップを空けるというのは買い仕掛けには悪い条件ではない。その理由は、①上方

図7.23 エピコ・ソフトウエア（日足）

チャート内注釈：
- 最終的な利益目標は週足で形成された前の揉み合いの高値
- 前の高値水準
- 20日MA
- 1、2

To view charts in color go to: www.traderslibrary.com/TLEcorner

　ギャップを空けたときよりも、その株式を安く買うことができる、②この種のギャップトレードの多くは寄り付き後30分間に行われる――などである。下方ギャップを空けて寄り付いたあと株価がさらに下落すれば、（それ以降にどちらの方向に向かうのかは分からないとしても）少なくとも寄り付き30分間に株価が反発する確率はかなり高くなる。

　こうした条件を総合的に考えると、こうした株式は直ちに買っていったほうがよい。株価が予測する方向に向かうならば、寄り付き直後からその方向に進行することが多いからだ。そのときのトレードのやり方は数多くある。日足チャートを使っているときは、ゆるめのストップを置く。デイトレーダーやスキャルパーはきつめのストップを置いて株価の方向についていったり、デイトレードとスイングトレード

を併用してもよい。私がエピコ株をどのようにトレードしたのかを見てみよう（**図7.22**と**図7.23**を参照）。

まず２分足チャートを見てみよう。前日は売られて終わったことが分かるだろう（１）。寄り付きのギャップは２分足チャートで見てほしい（２）。素早い仕掛けか、寄り付き１～２分間の高値を買う。このときの買いは14.82ドルで、今日の安値の20セント下にストップを置く。

株価は上昇し、３で上ヒゲが現れたので、スキャルピングポジションの３分の１を15.15ドルで手仕舞う。そこでしばらく揉み合ったあと、午前10時のリバーサルタイムに再び強く上昇したので、４の揉み合いの下にストップを移動し、含み益は確保する。二番目の利益目標は株価が再び揉み合ったところ（15.44ドル）の５で、最終的なデイトレードの利益目標は週足（このチャートは示されていない）で見た前の揉み合いの高値（16.00ドル前後）の６である。

これはデイトレードであるが、スイングトレードとして仕掛けたり、またはポジションの一部をスイングポジションとして変更してもよい。この種のトレードではダマシを見つけるのは難しいが、優位性のあるトレードであることは確かである。もちろん、すべてがこのようにうまくいくとは限らない。トレードとは確率のゲームなのである。

Conclusion

最後に

　本書では皆さんが主に日中足のトレードで直面するいろいろな問題について、参考となりそうな解答例とトレード手法などについて述べてきた。また、①トレーダーにとってきちんとしたトレーディングプランがトレードの成否のカギとなる、②有利なトレードチャンスを見つけるスキルが身につくまではつもり売買を繰り返す――ことの大切さも繰り返し強調してきた。本書では儲かりそうな銘柄を紹介するようなことはしないで、もっぱら勝率の高い具体的な局面をテクニカルな観点から分析してきた。これこそが希望的観測や予想ではなく、いわば地に足の着いたトレーディングスタンスではないかと思う。

　以下ではこれまでの内容をもう一度おさらいしてみよう。トレーダーは自分のトレーディングスタイルや目標を簡単な文章で書き留めることが大切である。なぜここでこの株式を買うのか、どこにストップ（損切り）を置き、利益目標はどこに設定するのか。自分は小さな利益のトレードをドタバタと繰り返していないか、それとももっと大きなリスクをとって大きな利益を狙うべきなのか。こうしたことを紙に書いてトレーディングプランを作り、それを自分の個性にフィットさせていく。

　本書で示されているのは、主にトレーダー養成機関である「プリスティーン・ドット・コム（http://www.Printine.com/）」に特有のト

レーディングルールとテクニックに基づくトレード手法である。しかし、それらを自らのトレーディングアプローチに取り込めば、トレードのスキルはかなりレベルアップするだろう。そのときに確認すべきポイントは次のようなものである。

1．株価のトレンドは第二段階にあるか。
2．株価の局面に応じてどの時間枠のチャートを使うのか。
3．ストップ（損切り）やマネーマネジメントについてリスクが高いと思われるときは、予想損失を許容限度内に抑えるためにトレードする株数を減らす。
4．1日の主要なリバーサルタイムである午前9時50分～10時10分、11時15分、午後1時30分、2時15分、3時などに照らしてトレードのタイミングを計る。
5．勝ちトレードと負けトレードを詳しく分析する（勝ち銘柄を早々と手仕舞っていないか、負け銘柄をぐずぐずと保有していないか、仕掛けが早すぎないか——など）。
6．セクター指数とその株式のレラティブストレングスを調べ、トレードの98％はトレンドの方向と同じ方向に仕掛ける。
7．自分のスキルレベルをよく知る（自分は初心者なのか、意識しないでトレードできるレベルなのか——など）。
8．仕掛けのカギとなる主要なチャートパターンを熟知する（オープニングギャップ、トレンドライン、20・200期間移動平均線、支持線と抵抗線、長大線、上ヒゲと下ヒゲ、20/20バー、押し・戻り——など）。
9．株価が逆行したときなど、緊急に対処しなければならないときどうするか(ストップポイントをどのように置き直すのか——など)。
10．そして最後に、弱い株式を買うな（強い株式を売るな）、何本かの足で抵抗線まで上げた株式を買うな（何本かの足で支持線まで

下げた株式を売るな）というトレードの基本的なルールをもう一度強調しておきたい。

　私は本書のなかで、トレードの成功に向けた自己教育の大切さを繰り返し訴えてきた。そしてトレードに臨むとき、有利な状況と不利な局面が直感的に分かるようになれば、勝率の高いトレードができるようになるだろう。一方、勝率の高いひとつのチャートパターンをマスターしてトレードしても、数あるトレーダーの上を行くことは可能である。皆さんがどのようなトレードのやり方を選択されようとも、本書で述べてきたポイントをよく押さえてトレードに臨むならば、ペースの違いはあっても最後には勝者になれるだろう。

付録A

プリスティーンの買いセットアップ

「プリスティーンの買いセットアップ（PBS）」はわれわれの最も強力なトレーディングツールのひとつであり、「トレーディング・ザ・プリスティーン・メソッド（Trading the Pristine Method）」セミナーではその反対の「売りセットアップ」も含めたその条件について詳しく説明している。

しかし、そのコンセプトに関する参加者の理解がまだ不十分であるのか、実際のトレードにおいて間違って適用されるケースも少なくないので、ここでもう一度PBSについて復習しておく（PBSはどのような時間枠のチャートでも有効であるが、ここでは主に日足チャートでのスイングトレードを念頭に置いて話を進める）。PBSの基本的な条件は次のとおりである（プリスティーンの売りセットアップ＝PSSはその逆となる）。

1. 株価が上昇トレンドの第二段階か、ここ最近ははっきりした上昇トレンド途上にある。
2. 3〜5日間の押し目（下落）を形成。
3. ナローレンジデイ（値幅の狭い日）。
4. 長いヒゲを持つ小さな実体の足の出現。
5. 3本以上の陰線のあとに陽線引けとなる。
6. 出来高の急増。
7. 前の重要な価格がサポートされている。
8. 株価が上昇する移動平均線でサポートされている。
9. （追加条件として）月の最後の2日間である。

図A.1 アースリンク（日足）

株価が上昇トレンドの第二段階にないと、ほかのPBSの条件がそろってもせいぜい1～2日の上昇で終わる

50日MAのほうに伸びた下ヒゲ、実体の小さい足、マイナーな支持線など、PBSの条件がそろっているように見える

図A.2 アースリンク（週足）

週足チャートを見ると、日足チャートのPBSが疑わしいのがよく分かる

To view charts in color go to: **www.traderslibrary.com/TLEcorner**

図A.3 リバーストーン・ネットワークス（日足）

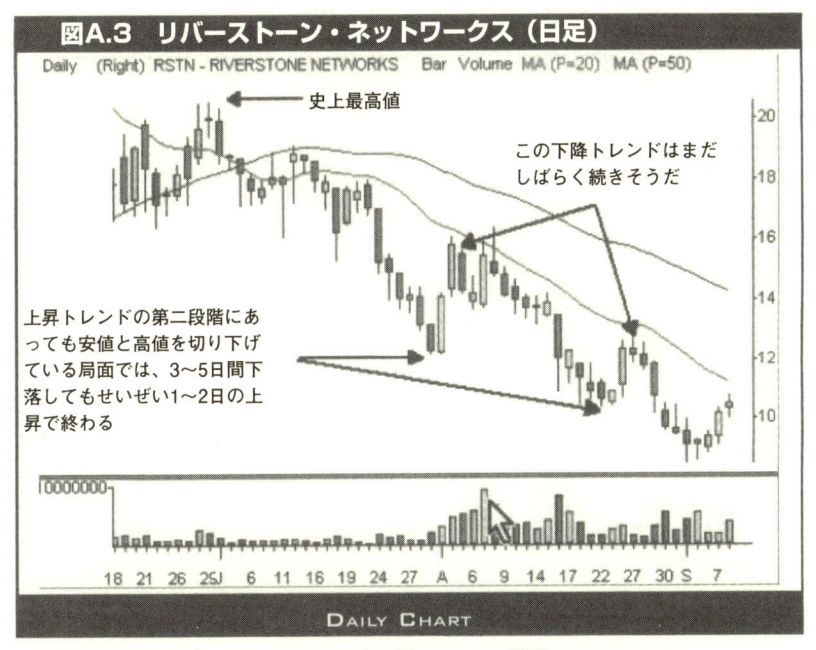

チャート内注釈:
- 史上最高値
- この下降トレンドはまだしばらく続きそうだ
- 上昇トレンドの第二段階にあっても安値と高値を切り下げている局面では、3～5日間下落してもせいぜい1～2日の上昇で終わる

To view charts in color go to: www.traderslibrary.com/TLEcorner

　これらの条件については具体的なチャートを引用して本書で詳しく説明してきたのでここでは繰り返さないが、以下ではよく見られる適用上の間違いについて解説する。まずPBSの最初の条件である「上昇トレンドの第二段階か、ここ最近ははっきりした上昇トレンド途上」についてであるが、この条件をクリアしない株価は前の高値を更新する（高値を切り上げる）ことができず、したがってスイングポジションを取ることもできない。そうした局面をデイトレードで仕掛けるとしても、上昇モメンタムは数日で息切れしてしまうだろう。そうしたケースは数多く見られ、図A.1～図A.3もそのひとつである。

　図A.1のインターネット接続サービスのアースリンクはPBSによる絶好の買い場のように見えるが、実際には下降トレンドにある。図

図A.2の週足チャートを見ると、PBSのわずか1～2つの条件をクリアしているだけであり、はっきりした上昇トレンドにあるどころか、実際には高値と安値を切り下げる展開になっている。短期の下降トレンドが上昇に転じるまでにはもう少し時間がかかり、買いのセットアップとなるにはもっと多くのPBSの条件を満たす必要がある。**図A.3**の大手スイッチ・ルーターベンダーのリバーストーン・ネットワークスも最高値からの下降トレンドにあり、戻りも1～2日で終わっている。買いセットアップとなるには最低でも2～3つのPBSの条件をクリアすべきである。

　二番目の「3～5日間の押し目を形成」という条件もかなり重要であり、①高値と安値の切り下げ、②20/20バー（上下のヒゲが値幅の20％以下の長大線）の出現、③ギャップは現れない——という状況が理想的である。**図A.4**は大手ゲームメーカーのテイク・ツー・インタラクティブ・ソフトウエアの日足チャートであるが、史上最高値を付けたので、これは強いサインである。しかし、きれいなセットアップにならず、株価は2日間の戻りか、半値以上に戻すことはなかった。

　一方、**図A.5**のジリード・サイエンシズ（バイオテクノロジー会社）の週足チャートを見ると、きれいな上昇トレンドにあることがはっきりと分かり、安心してスイングポジションを取ることができる。

　最後の2カ月間の値動きを示した**図A.6**の日足チャートを見ると、最高値をうかがう上昇トレンドの第二段階にあることがはっきりと読み取れる。株価が上昇トレンドの第二段階にあるというPBSの重要な条件を満たしていないと、ほかの条件がそろっても買いのセットアップとはならない。そうした局面で仕掛けてもせいぜい1～2日の上昇で終わったり、ゲリラトレードしかできないだろう。

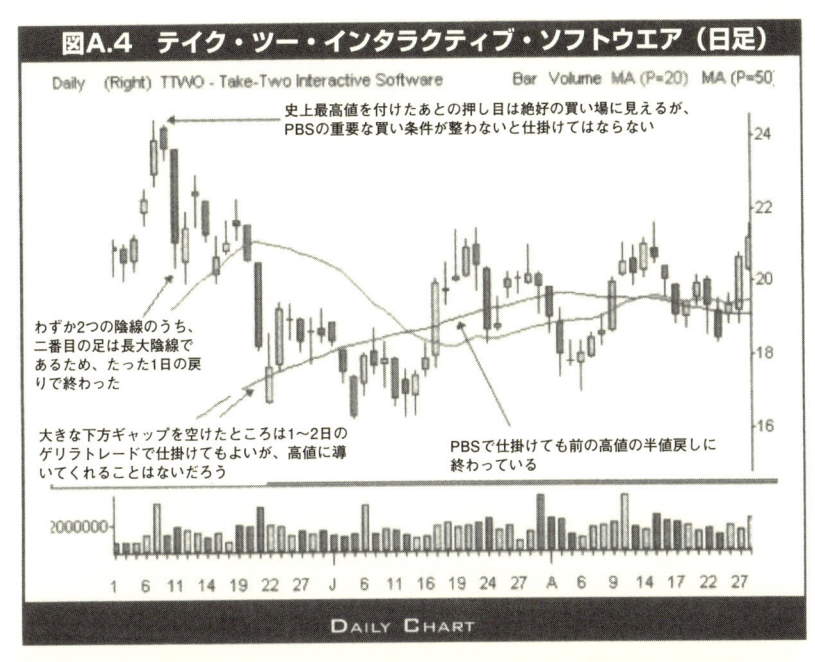

図A.4 テイク・ツー・インタラクティブ・ソフトウエア（日足）

史上最高値を付けたあとの押し目は絶好の買い場に見えるが、PBSの重要な買い条件が整わないと仕掛けてはならない

わずか2つの陰線のうち、二番目の足は長大陰線であるため、たった1日の戻りで終わった

大きな下方ギャップを空けたところは1～2日のゲリラトレードで仕掛けてもよいが、高値に導いてくれることはないだろう

PBSで仕掛けても前の高値の半値戻しに終わっている

図A.5 ジリード・サイエンシズ（週足）

週足のきれいな上昇トレンド

史上最高値からの押し

To view charts in color go to: www.traderslibrary.com/TLEcorner

図A.6 ジリード・サイエンシズ（日足）

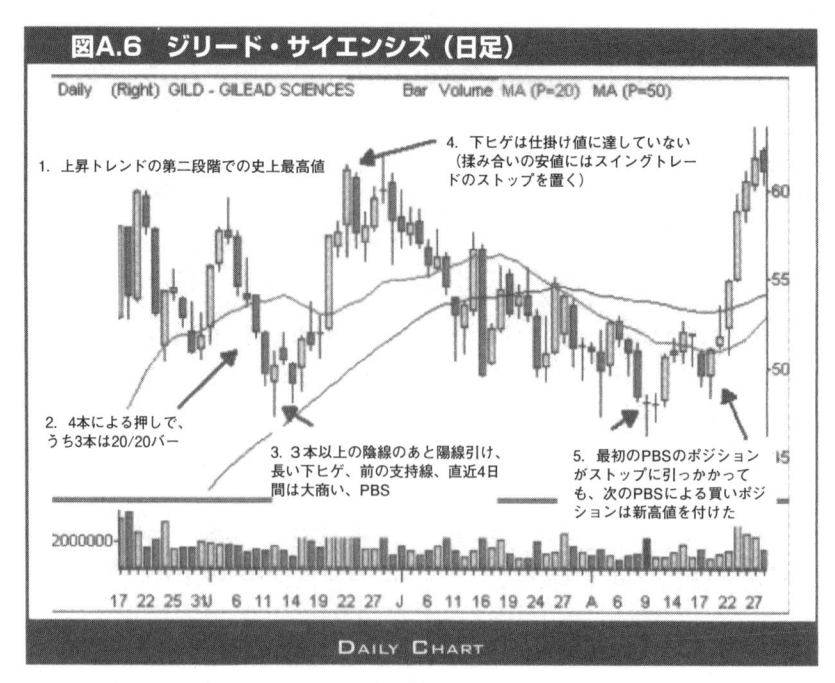

1. 上昇トレンドの第二段階での史上最高値
2. 4本による押しで、うち3本は20/20バー
3. 3本以上の陰線のあと陽線引け、長い下ヒゲ、前の支持線、直近4日間は大商い、PBS
4. 下ヒゲは仕掛け値に達していない（揉み合いの安値にはスイングトレードのストップを置く）
5. 最初のPBSのポジションがストップに引っかかっても、次のPBSによる買いポジションは新高値を付けた

To view charts in color go to: www.traderslibrary.com/TLEcorner

付録B

用語解説

ECN（電子コミュニケーション・ネットワーク） 「Electronic Communications Network」の略語で、コンピューターで結ばれた私設の電子証券取引システム。

ETF（株価指数連動型上場投資信託） 「Exchange Traded Fund」の略語で、株価指数に連動している上場投資信託。代表的なものにダウ平均に連動したDIA、S&P500に連動したSPY、ナスダック100指数に連動したQQQQなどがある。

HOLDRs 「Holding Company Depositary Receipts」の略語で、特定セクターの株式やADR（米預託証券）の所有権を売買するファンドの一種。メリルリンチが独占的に発行している。

TRIN（アームズインデックス） 売り圧力や買い圧力を出来高を通じて指数化したテクニカル指標。

移動平均線（Moving average） 過去の一定期間の株価の平均値をグラフにしたもので、株価のモメンタムや支持線・抵抗線などを定義するのに役立つ。

インデックス（Index） マーケット全体の動きを表す株価指数のことで、代表的なものはダウ工業株30種平均、S&P500、ナスダック100指数など。

イントラデイ（Intraday） 日中の値動き。

上ヒゲ（Topping tail） 高値圏または急騰局面で現れた実体から上に伸びた線は、株価が天井を打って急反落するシグナルとなる。

押し目（Pullback） 直近の高値から価格が下落したところ。

下降トレンド（Downtrend） 個別銘柄または市場全体が下降している動き（上昇トレンドの反対）。

逆張り（Fading） トレンドとは逆行した方向にトレードを行うこと。

ギャップ（Gap） 前日の終値よりも高く寄り付いたり、安く寄り付く状態のこと（**編注** 本書を読んでも分かるとおり、一般的な「ギャップ」の定義と著者の定義とには違いがある）。

クライマックス局面の買いセットアップ（Climactic Buy Set-up） 大商いを伴ったセリングクライマックスの売られ過ぎ局面で、目先的に株価の急反発が予想される。

ゲリラトレード（Guerilla trade） マーケットの1〜2日の素早い動きを取る短期トレード。

コアトレーダー（Core trader） 大きな利益を狙って、主に週足チャートに基づいて数週間から数カ月にわたってポジションを保有するトレーダー。

コアポジション（Core position） はっきりした手仕舞いプランに基

づき、数カ月間にわたって保有する最も長期のポジション。

先物（Futures） 将来の決められた日に受け渡しまたは決済することを条件に、商品や金融商品を売買する契約。

支持線（Support） 需要が供給を上回り、株価の下落がストップする価格帯または領域。

下ヒゲ（Bottoming tail） 安値圏または急落局面で現れた実体から下に伸びた線は、株価が底を打って急反発するシグナルとなる。

上昇トレンド（Uptrend） 個別銘柄または市場全体が上昇している動き（下降トレンドの反対）。

スイングトレード（Swing trade） 2～5日にわたってポジションを保有するトレード。

ズームダウン（Zoom down） ほかの仕掛け場を見つけるため、いろいろな時間枠のチャートを見ること。

スキャルピング（Micro scalping） 小さな利ザヤを稼ぐトレード。

生活資金用の口座（Income-Producing Account） その日のうち、または翌日にポジションを手仕舞うデイトレードやゲリラトレードなどの短期トレードの利益を預けておく口座。

長大線（Wide Range Bar） ボラティリティが大きいときに現れる長い足。

強気相場（Bull market） 株価が上昇している、または上昇が予想される局面。

抵抗線（Resistance） 供給が需要を上回り、株価の上昇がストップする価格帯または領域。

デイトレーダー（Day trader） ほぼ終日株価の動きをフォローし、その日のうちにポジションを手仕舞う超短期のトレーダー。

トレーディングプラン（Trading plan） 仕掛けや手仕舞いの条件と時期、マネーマネジメントの方法などを明記したプラン。

ピボットポイント（Pivot point） 高値・安値・終値の平均値。

プリスティーンの買いセットアップ（Pristine Buy Set-up） 一定の条件を満たしたときのプリスティーンの買いシグナル（**付録A**を参照）。

ブレイクアウト（Breakout） 大商いや高ボラティリティを伴って株価が支持線や抵抗線から上放れ（または下放れ）すること。

プロテクティブストップ（Protective stop） 損失を一定限度に抑えるための逆指値の損切り注文、またはその価格。

マーケット・ボラティリティ・インデックス（Market Volatility Index） VIX指数のことで、シカゴ・オプション取引所（CBOE）が公表しているS&P500のボラティリティを表す指数で、投資家の不安心理を表すことから「恐怖心理指数」とも呼ばれる。

マーケットメーカー(Market maker) 株式の値付けをする証券会社。

モーゲージプレー (Mortgage play) 20/20バー(上下のヒゲが値幅の20％以下の長大線）の次に出現するギャップを利用するトレード。

揉み合い (Basing) トレンドがなく、株価が小幅な往来を繰り返すこと。

弱気相場（Bear market） 株価が下落している、または下落が予想される局面。

リスク・リワード・レシオ（Reward to Risk Ratio） 仕掛け値からストップポイントまでの予想損失と仕掛け値から利益目標値までの予想利益の比率。

リバーサルタイム（Reversal times） 短期のトレンドがストップまたは反転する1日の時間帯。

レラティブストレングス（Relative strength） 市場平均やセクター指数などと比較した株価の基調の強弱。

訳者あとがき

　本書はアメリカの有名なトレーダー養成機関「プリスティーン」の創始者であるオリバー・ベレス著『Strategies for Profiting on every trade』の邦訳である。この著者の邦訳書としては2002年10月に刊行された『デイトレード──マーケットで勝ち続けるための発想術』(日経BP社)に続くもので、この前著ではそのタイトルのとおり、トレーディングで勝利するためのトレーダーの心構えに焦点が当てられている。これに対し、本書では勝率の高い具体的なトレードの局面について、いろいろなチャートを駆使してテクニカルな観点から詳しく分析されている。

　筆者のトレーディングとマーケットに対する考え方は、次の3点に要約されるだろう。

①トレーディングの成否の85％は、欲望や恐怖心といった人間の心理や感情によって決定される。
②トレーダーが実際に相手にしているのは、株式や債券、通貨などの金融商品ではなく、それらをトレードしている人間である。
③マーケットとは無知の者からお金を搾り取ろうとする場所であり、トレーディングとは少数の者が多数の者からお金を奪い取るマネーゲームである。

　こうしたマーケットの厳しい現実のなかで、どのようにしてトレーディングで生活資金を稼ぎ、さらには資産も形成していくのか。この2つの目的を実現するための具体的な方法を示そうというのが本書のメインテーマである。

　一方、本書のもうひとつの読みどころは、極端に言えば5分足では

売り、15分足では買い、日足では売り、週足では買い——といった異なる時間枠のチャートで反対のシグナルが出たとき、どのように対処したらよいのかについて具体的な方法が述べられていることである。このほか、日中足を使ったリバーサルタイム（直近の短期トレンドや株価が反転する１日の時間帯）のトレード手法もかなりおもしろい。日本の株式市場にもそうした時間帯が存在すれば、かなり効果的なデイトレードができるだろう。

　本書で詳述されているトレード手法は主に「プリスティーン」のトレーディングルールとテクニックがベースとなっているが、日本のトレーダーにとってもこれらのトレードの仕方と考え方は何らかの参考になるだろう。それによってトレードの勝率が少しでも向上すれば、訳者としてはとてもうれしい。

　本書の刊行に当たって、パンローリングの後藤康徳社長とFGIの阿部達郎編集長にはご尽力をいただいた。とりわけ阿部編集長にはテクニカル分析の考え方について、いろいろと貴重なアドバイスを受けた。この場を借りて厚くお礼を申し上げたい。

2008年５月

関本博英

■著者紹介
オリバー・ベレス（Oliver L. Velez）
トレーダー養成機関のプリスティーン・ドット・コム（www.Pristine.com）の親会社であるプリスティーン・キャピタル・ホールディングズ社の共同創設者で、12年間にわたり会長兼CEOを務める。19年前に「スイングトレード」というユニークな手法を米投資界に持ち込み、国際的なトレーダー教育と講演活動を通じてこのトレード手法を定着させた。世界40カ国以上に6万人を超えるクライアントを持つプリスティーンは、世界有数のトレーダー養成と投資情報の機関である。主な著書は『デイトレード――マーケットで勝ち続けるための発想術』（日経BP社）、『スイングトレード・ウィズ・オリバー・ベレス（Swing Trading with Oliver L. Velez）』、DVDには『オリバー・ベレスDVDセミナーシリーズ（Oliver L. Velez DVD Seminar Series）』などがある。

ポール・ラング（Paul Lange）
プリスティーンの公認シニアトレーナー兼メンター、プリスティーン・メソッド・トレーディングルームのヘッドモデレーター、プリスティーン・リサーチチームのメンバーでトレーダーコーチでもある。

■訳者紹介
関本博英（せきもと・ひろひで）
上智大学外国語学部英語学科を卒業。時事通信社・外国経済部を経て翻訳業に入る。国際労働機関（ILO）など国連関連の翻訳をはじめ、労働、経済、証券など多分野の翻訳に従事。訳書に、『賢明なる投資家【財務諸表編】』『証券分析』『究極のトレーディングガイド』『コーポレート・リストラクチャリングによる企業価値の創出』『プロの銘柄選択法を盗め！』『アナリストデータの裏を読め！』『マーケットのテクニカル百科 入門編・実践編』『市場間分析入門』『初心者がすぐに勝ち組になるテクナメンタル投資法』『バイ・アンド・ホールド時代の終焉』『わが子と考えるオンリーワン投資法』『規律とトレーダー』『麗しのバフェット銘柄』『トレーダーの精神分析』『バーンスタインのトレーダー入門』『成長株投資の公理』『株価指数先物必勝システム』（いずれもパンローリング）など。

2008年7月3日　初版第1刷発行
2013年12月1日　　第2刷発行

ウィザードブックシリーズ ⑬⑨

罫線売買航海術
──スキャルピングからポジショントレードまでの攻略テクニック

著　者　オリバー・ベレス、ポール・ラング
訳　者　関本博英
発行者　後藤康徳
発行所　パンローリング株式会社
　　　　〒160-0023　東京都新宿区西新宿7-9-18-6F
　　　　TEL 03-5386-7391　FAX 03-5386-7393
　　　　http://www.panrolling.com/
　　　　E-mail　info@panrolling.com
編　集　エフ・ジー・アイ（Factory of Gnomic Three Monkeys Investment）合資会社
装　丁　パンローリング装丁室
組　版　パンローリング制作室
印刷・製本　株式会社シナノ

ISBN978-4-7759-7106-2

落丁・乱丁本はお取り替えします。
また、本書の全部、または一部を複写・複製・転訳載、および磁気・光記録媒体に
入力することなどは、著作権法上の例外を除き禁じられています。

本文　©Hirohide Sekimoto／図表　© Panrolling　2008 Printed in Japan

ラリー・R・ウィリアムズ

50年のトレード経験を持ち、世界で最も高い評価を受ける短期トレーダー。トレーダー教育の第一人者としても有名で、これまで何千人というトレーダーを育ててきた。

ウィザードブックシリーズ196

ラリー・ウィリアムズの
短期売買法【第2版】
投資で生き残るための普遍の真理

定価 本体7,800円+税　ISBN:9784775971604

短期システムトレーディングのバイブル!

読者からの要望の多かった改訂「第2版」が10数年の時を経て、全面新訳。直近10年のマーケットの変化をすべて織り込んだ増補版。日本のトレーディング業界に革命をもたらし、多くの日本人ウィザードを生み出した 教科書!

10000%の男

ジェイソン・ウィリアムズ

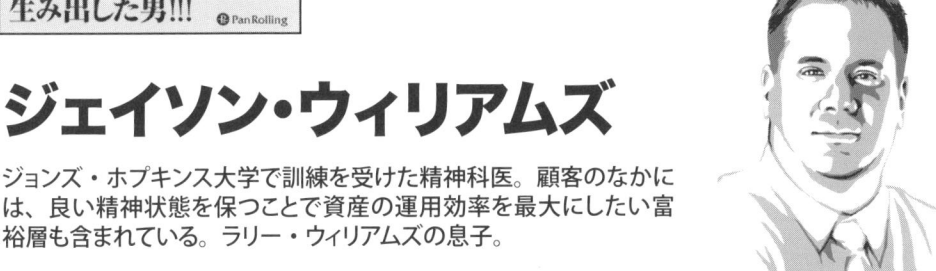

ジョンズ・ホプキンス大学で訓練を受けた精神科医。顧客のなかには、良い精神状態を保つことで資産の運用効率を最大にしたい富裕層も含まれている。ラリー・ウィリアムズの息子。

ウィザードブックシリーズ210

トレーダーのメンタルエッジ
自分の性格に合うトレード手法の見つけ方

定価 本体3,800円+税　ISBN:9784775971772

最強のトレード資産である
あなたの性格をトレードに活用せよ!
己を知ることからすべてが始まる!

トレードには堅実な戦略と正確なマーケット指標が欠かせない。しかし、この2つがいざというときにうまく機能するかどうかは、その時点におけるあなたの心の状態で決まる。つまり、不利な状況で最高のトレードシステムが砂上の楼閣のごとく崩壊するかどうかは、あなた次第なのである。

ジョン・R・ヒル

トレーディングシステムのテストと評価を行う業界最有力ニュースレター『フューチャーズ・トゥルース（Futures Truth）』の発行会社の創業者社長。株式専門テレビ CNBC のゲストとしてたびたび出演するほか、さまざまな投資セミナーの人気講師でもある。オハイオ州立大学で化学工学の修士号を修得。

システム検証人

ジョージ・プルート
ジョン・R・ヒル 共著

ウィザードブックシリーズ54

究極のトレーディングガイド

定価 本体4,800円+税　ISBN:9784775970157

トレード成績を向上させる秘訣がある！

この『究極のトレーディングガイド』は多くのトレーダーが望むものの、なかなか実現できないもの、すなわち適切なロジックをベースとし、安定した利益の出るトレーディングシステムの正しい開発・活用法を教えてくれる。最近のトレードの爆発的な人気を背景に、多くのトレーダーはメカニカル・トレーディングシステムを使いたいと思っている。その正しい使い方をマスターすれば、これほど便利なツールはほかにない。

ジョン・ヒルの長年のリサーチにより非常に有効だという結論が出た システムトレードで稼ぐ方法

1. ドンチャン・チャネル・ブレイクアウト
2. 移動平均のクロスオーバー
3. 短期のオープニング・レンジ・ブレイクアウト
4. S&Pのデイトレード
5. パターン認識

これらの5つについて
資金1万ドルから30万ドルに対応した
5つのポートフォリオと投資対象を
ジョン・ヒルが提案

- 売買システムのイージーランゲージコード付（TreadStation）
- 各市場ごとのオープニング・レンジ・ブレイクアウトの成績統計付
- ヒストリカルテストの評価方法
- 有効なチャートパターンの多くを紹介
- システム売買の設計と運用には欠かせない一冊

ジョージ・プルート

フューチャーズ・トゥルースCTAの研究部長、『フューチャーズ・トゥルース』編集長。メカニカルシステムの開発、分析、実行およびトレーディング経験25年。1990年、コンピューターサイエンスの理学士の学位を取得、ノースカロライナ大学アッシュビル校卒業。数々の論文を『フューチャーズ』誌や『アクティブトレーダー』誌で発表してきた。『アクティブトレーダー』誌の2003年8月号では表紙を飾った。

ウィザードブックシリーズ211
トレードシステムはどう作ればよいのか 1

定価 本体5,800円+税　ISBN:9784775971789

トレーダーは検証の正しい方法を知り、その省力化をどのようにすればよいのか

売買システム分析で業界随一のフューチャーズ・トゥルース誌の人気コーナーが本になった！　システムトレーダーのお悩み解消します！　検証の正しい方法と近道を伝授！
われわれトレーダーが検証に向かうとき、何を重視し、何を省略し、何に注意すればいいのか──それらを知ることによって、検証を省力化して競争相手に一歩先んじて、正しい近道を見つけることができる！

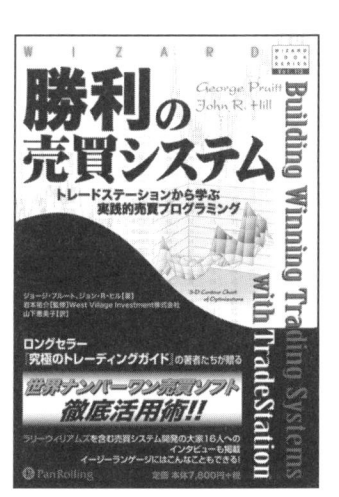

ウィザードブックシリーズ113
勝利の売買システム

ジョージ・プルート　ジョン・R・ヒル　共著

定価 本体7,800円+税　ISBN:9784775970799

『究極のトレーディングガイド』の著者たちが贈る世界ナンバーワン売買ソフト徹底活用術

ラリーウィリアムズを含む売買システム開発の大家16人へのインタビューも掲載。イージーランゲージにはこんなこともできる！
機能面ばかりが強調され、その機能を徹底活用しようというアイデアについてはあまり聞かれないのが悩みの種だった。この悩みを完全に解消しようとしたのが、システムトレードの第一人者ジョージ・プルートとジョン・ヒルによる本書だ。

ローレンス・A・コナーズ

TradingMarkets.com の創設者兼 CEO(最高経営責任者)。1982年、メリル・リンチからウォール街での経歴をスタートさせた。著書には、リンダ・ブラッドフォード・ラシュキとの共著『魔術師リンダ・ラリーの短期売買入門(ラリーはローレンスの愛称)』(パンローリング)などがある。

ウィザードブックシリーズ169
コナーズの短期売買入門

定価 本体4,800円+税　ISBN:9784775971369

短期売買の新バイブル降臨！
時の変化に耐えうる短期売買手法の構築法
世の中が大きく変化するなかで、昔も儲って、今も変わらず儲かっている手法を伝授。また、トレードで成功するために最も重要であると言っても過言ではないトレード心理について、決断を下す方法と自分が下した決断を完璧に実行する方法を具体的に学ぶ。

ウィザードブックシリーズ 180
コナーズの短期売買実践

定価 本体7,800円+税　ISBN:9784775971475

システムトレーダーのバイブル降臨！
システムトレーディングを目指すトレーダーにとって、最高の教科書。トレーディングのパターンをはじめ、デイトレード、マーケットタイミングなどに分かれて解説された本書は、儲けることが難しくなったと言われる現在でも十分通用するヒントや考え方、システムトレーダーとしてのあなたの琴線に触れる金言にあふれている。

ウィザードブックシリーズ 197
コナーズの短期売買戦略

定価 本体4,800円+税　ISBN:9784775971642

検証で分かった
トレーディング業界の常識は非常識！
何十年もかけて蓄えたマーケットに関する知恵、トレーディング業界で当然視されている多くの常識がまったくの間違いであることを、豊富な図表と検証で明らかにしている。

デーブ・ランドリー

TradingMaekets.com の共同設立者兼定期寄稿者。ルイジアナ大学でコンピューターサイエンスの理学士、南ミシシッピ大学で MBA を修得。コナーズに才能を見出され、独自に考案したトレーディング法で成功を収める。公認CTAのセンシティブ・トレーディングやヘッジファンドのハーベスト・キャピタル・マネジメントの代表で、2/20EMAブレイクアウトシステムなど多くのトレーディングシステムを開発。

コナーズの部下

ウィザードブックシリーズ 190

裁量トレーダーの心得 初心者編
システムトレードを捨てた コンピューター博士の株式順張り戦略

定価 本体4,800円+税　ISBN:9784775971574

**PC全盛時代に勝つ方法!
PCの魔術師だからこそ分かった
「裁量トレード時代の到来」!**

相場が本当はどのように動いているのか、そして、思いもよらないほど冷酷なマーケットで成功するために何が必要か。

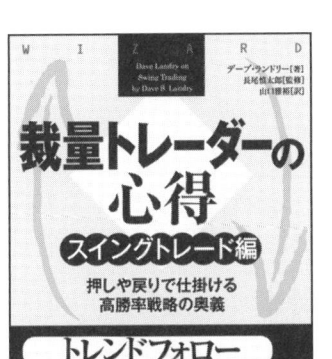

ウィザードブックシリーズ 193

裁量トレーダーの心得
スイングトレード編

押しや戻りで仕掛ける高勝率戦略の奥義

定価 本体4,800円+税　ISBN:9784775971611

**高勝率パターン満載!
思いがけないことはトレンドの方向に起こる!**

トレンドの確定方法を伝授し、正しい銘柄選択と資金管理を実行すれば、スイングトレードの神様が降臨してくれる!?

アル・ブルックス

1950年生まれ。医学博士で、フルタイムの個人トレーダーとして約20数年の経験を持つ。ニューイングランド地方の労働者階級出身で、トリニティ大学で数学の理学士号を修得。卒業後、シカゴ大学プリッツカー医科大学院に進学、ロサンゼルスで約10年間眼科医を開業していた。その後、独立したデイトレーダーとしても活躍。

ウィザードブックシリーズ206
プライスアクショントレード入門
足1本ごとのテクニカル分析とチャートの読み方

定価 本体5,800円+税　ISBN:9784775971734

指標を捨てて、価格変動と足の動きだけに注視せよ

単純さこそが安定的利益の根源！ 複雑に組み合わされたテクニックに困惑する前に、シンプルで利益に直結するチャートパターンを習得しよう。 トレンドラインとトレンドチャネルライン、前の高値や前の安値の読み方、ブレイクアウトのダマシ、ローソク足の実体やヒゲの長短など、相場歴20年のトレーダーが体得した価格チャートの読み方を学べば、マーケットがリアルタイムに語りかけてくる仕掛けと手仕舞いのポイントに気づくことができるだろう。

ウィザードブックシリーズ209
プライスアクションと
ローソク足の法則
足1本の動きから隠れていたパターンが見えてくる

定価 本体5,800円+税　ISBN:9784775971734

プライスアクションを極めれば、隠れたパターンが見えてくる！

トレードは多くの報酬が期待できる仕事だが、勤勉さと絶対的な規律が求められる厳しい世界である。成功を手にするためには、自分のルールに従い、感情を排除し、最高のトレードだけを待ち続ける忍耐力が必要だ。

ジェイク・バーンスタイン

国際的に有名なトレーダー、作家、研究家。MBH ウイークリー・コモディティ・レターの発行者で、トレードや先物取引に関する約30もの書籍や研究を発表している。ウォールストリート・ウイーク、そして世界中の数々のラジオやテレビ番組に出演し、また、投資やトレードに関するセミナーでも講演している。トレードとタイミングに関するあくなき追及は、トレーダーに新たなツールを提供している。

成功を志す個人投資家の見本

ウィザードブックシリーズ51

バーンスタインの
デイトレード入門・実践

| 入門編 | 定価 本体7,800円+税 | ISBN:9784775970126 |
| 実践編 | 定価 本体7,800円+税 | ISBN:9784775970133 |

デイトレーディングの奥義と優位性がここにある!

あなたも「完全無欠のデイトレーダー」になれる!
トレーディングシステム、戦略、タイミング指標、そして分析手法を徹底解明。テンポの速いデイトレーディングの世界について、実践で役立つ案内をしてくれる。
初心者でもベテランでも、一読の価値があるこの本を読めば、新たな境地が見えてくるだろう。

ウィザードブックシリーズ130

バーンスタインの
トレーダー入門
30日間で経済的自立を目指す実践的速成講座

定価 本体5,800円+税　ISBN:9784775970966

ヘッジファンドマネジャー、プロのトレーダー、マネーマネジャーが公表してほしくなかった秘訣が満載!

トレーディングによる経済的自立を手にするうえで、経済学やファイナンスなどの専門知識や学位は不要である。必要なものは正しい決定を下す意思力、それを順守する規律と行動力である。

ジャック・D・シュワッガー

現在、マサチューセッツ州にあるマーケット・ウィザーズ・ファンドとＬＬＣの代表を務める。著書にはベストセラーとなった『マーケットの魔術師』『新マーケットの魔術師』『マーケットの魔術師[株式編]』（パンローリング）がある。
また、セミナーでの講演も精力的にこなしている。

ウィザードブックシリーズ 19

マーケットの魔術師
米トップトレーダーが語る成功の秘訣

定価 本体2,800円+税　ISBN:9784939103407

トレード界の「ドリームチーム」が勢ぞろい

世界中から絶賛されたあの名著が新装版で復刻！
投資を極めたウィザードたちの珠玉のインタビュー集！
今や伝説となった、リチャード・デニス、トム・ボールドウィン、マイケル・マーカス、ブルース・コフナー、ウィリアム・オニール、ポール・チューダー・ジョーンズ、エド・スィコータ、ジム・ロジャーズ、マーティン・シュワルツなど。

ウィザードブックシリーズ 201

続マーケットの魔術師
トップヘッジファンドマネジャーが明かす成功の極意

定価 本体2,800円+税　ISBN:9784775971680

『マーケットの魔術師』シリーズ
10年ぶりの第4弾！

先端トレーディング技術と箴言が満載。「驚異の一貫性を誇る」これから伝説になる人、伝説になっている人のインタビュー集。マーケットの先達から学ぶべき重要な教訓を40にまとめ上げた。

ウィザードブックシリーズ 13
新マーケットの魔術師

定価 本体2,800円+税　ISBN:9784939103346

知られざる"ソロス級トレーダー"たちが、率直に公開する成功へのノウハウとその秘訣

投資で成功するにはどうすればいいのかを中心に構成されている世界のトップ・トレーダーたちのインタビュー集。17人のスーパー・トレーダーたちが洞察に富んだ示唆で、あなたの投資の手助けをしてくれることであろう。

ウィザードブックシリーズ 66
シュワッガーのテクニカル分析
初心者にも分かる実践チャート入門

定価 本体2,900円+税　ISBN:9784775970270

シュワッガーが、これから投資を始める人や投資手法を立て直したい人のために書き下ろした実践チャート入門。
チャート・パターンの見方、テクニカル指数の計算法から読み方、自分だけのトレーディング・システムの構築方法、ソフトウェアの購入基準、さらに投資家の心理まで、投資に必要なすべてを網羅した1冊。

ウィザードブックシリーズ 208
シュワッガーのマーケット教室
なぜ人はダーツを投げるサルに投資の成績で勝てないのか

定価 本体2,800円+税　ISBN:9784775971758

一般投資家は「マーケットの常識」を信じて多くの間違いを犯す

シュワッガーは単に幻想を打ち砕くだけでなく、非常に多くの仕事をしている。伝統的投資から代替投資まで、現実の投資における洞察や手引きについて、彼は再考を迫る。本書はあらゆるレベルの投資家やトレーダーにとって、現実の市場で欠かせない知恵や投資手法の貴重な情報源となるであろう。

ウィザードブックシリーズ200
FXスキャルピング
ボブ・ボルマン【著】

定価 本体3,800円+税　ISBN:9784775971673

FXの神髄であるスキャルパー入門!
無限の可能性に満ちたティックチャートの初の本格的入門書。多くの70ティックチャートとともに読者を魅力あふれるスキャルピングの世界に導いてくれる。

ウィザードブックシリーズ1
魔術師リンダ・ラリーの短期売買入門
リンダ・ブラッドフォード・ラシュキ／ローレンス・A・コナーズ【著】

定価 本体28,000円+税　ISBN:9784939103032

ウィザードが語る必勝テクニック基礎から応用まで
国内初の実践的な短期売買の入門書。具体的な例と豊富なチャートパターンでわかりやすく解説。
著者の1人は新マーケットの魔術師でインタビューされたリンダ・ラシュキ。古典的な指標ですら有効なことを証明している。

ウィザードブックシリーズ202
株式超短期売買法
トーマス・K・カー【著】

定価 本体3,800円+税　ISBN:9784775971697

デイトレーダー絶滅後のスキャルピング売買法
「寄り付き」「大引け」「月末」でも好きなときにパートタイムトレーダーでも、専業主婦でもできる! ベテラントレーダーであれ、退職後に備えて貯蓄している虎の子を管理したい人であれ、この本を読めばサイドラインで傍観してはいられなくなるに違いない。

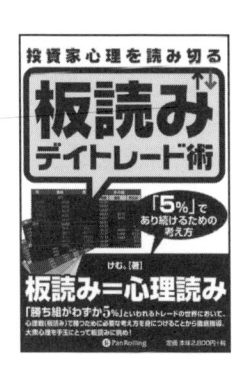

板読みデイトレード術
けむ。【著】

定価 本体2,800円+税　ISBN:9784775990964

「負ける人の思考法」「勝つための思考法」
「勝ち組がわずか5%」といわれるトレードの世界において、心理戦(板読み)で勝つために必要な考え方を身につけることから徹底指導。大衆心理を手玉にとって板読みに挑め! 特に、デイトレードをしていて、一瞬一瞬で勝負している人にとっては必須の情報といえるでしょう。

ウィザードブックシリーズ78
スイングトレード入門
アラン・ファーレイ【著】

定価 本体7,800円+税　ISBN:9784775970409

200以上の豊富なチャートと
典型的な多くのオリジナルトレード手法が公開
無限の可能性に満ちたティックチャートの初の本格的入門書。多くの70ティックチャートとともに読者を魅力あふれるスキャルピングの世界に導いてくれる。

ウィザードブックシリーズ178
スイングトレード大学
アラン・ファーレイ【著】

定価 本体5,800円+税　ISBN:9784775971451

だれにも教えたくない
「トレードで暮らすための極秘ファイル」
一段階上の短期トレーダーになるべく、リスクマネジメント方法を身につけ、ボラティリティの高いマーケットに自信を持って立ち向かうことができるようになる方法。

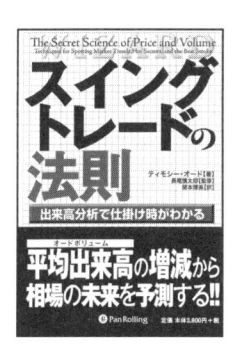

ウィザードブックシリーズ153
スイングトレードの法則
ティモシー・オード【著】

定価 本体3,800円+税　ISBN:9784775971208

平均出来高の増減は将来を予言する！
いろいろな図とチャートが満載され、トレーダーたちがよく見逃している『追い風に乗る』ためのトップダウンアプローチは絶品！　投資家やトレーダーが知らなければならないことは完全にカバーされている。

出来高急増で天底(節目)のサインを探る！
リスク限定のスイングトレード
矢口新【著】

定価 本体1,600円+税　ISBN:9784775991084

エスチャートが可能にする山越え&谷越えトレード
これまでは「出来高」は地味な存在だった。出来高に注目した指標で実戦に耐えうるものはほとんどなかったため、今までは地味なファクターとして扱われることが多かった、というのが実情。しかし出来高急増は転換点。最良のタイミングになることがある！

マーセル・リンク　http://www.marcellink.com/

1988年からトレードに従事。始めたばかりのころS&P株価指数オプションで当時の彼としては巨額の600ドルを失った。それ以後、成績は向上した。過去20年間ニューヨーク金融取引所やニューヨーク綿花取引所のフロアで先物をトレードし、商品先物ブローカー会社（リンク・フューチャーズ）を創始者であり、コモディティ・プール・オペレーターを務め、大手デイトレード会社数社で株式のデイトレードを担当した。現在は独立のトレーダーとして大半の株価指数先物を手掛けている。コンサルティングにも応じ、2008年からセミナーにも力を入れている。

ウィザードブックシリーズ108
高勝率トレード学のススメ
小さく張って着実に儲ける

定価 本体5,800円+税　ISBN:9784775970744

あなたも利益を上げ続ける少数のベストトレーダーになれる！

高確率な押し・戻り売買と正しくオシレーターを使って、運やツキでなく、将来も勝てるトレーダーになる！　夢と希望を胸にトレーディングの世界に入ってくるトレーダーのほとんどは、6カ月もしないうちに無一文になり、そのキャリアを終わらせる。この世でこれほど高い「授業料」を払う場があるだろうか。過酷なトレーディングの世界で勝つためのプログラムを詳しく解説。

ウィザードブックシリーズ205
続高勝率トレード学のススメ
自分に合ったプランを作り上げることこそが成功への第一歩

定価 本体5,800円+税　ISBN:9784775971727

トレードはギャンブルではない！
万人向けの出来合いのトレードプランなどあり得ない

自分流のスタイルを見つけよう！　トレーダーは成功のチャンスをものにしたいと思ったら、十分に練り上げられ、自分にあったプランが必要になる。そこには、仕掛けや手仕舞いの時期、資金管理の原則、プレッシャーを受けても一貫して決めたとおりに実行する規律が必要である。